シュタイナー

悪について

Rudolf Steiner Von Bösen

ルドルフ・シュタイナー
高橋 巖 訳

春秋社

シュタイナー　悪について　目次

I

民主主義と悪　5

＊

悪について　16

II

破壊のかまど　57

悪の秘儀　70

＊

ルツィフェルとアーリマン 1　89

ルツィフェルとアーリマン 2　107

III

われわれの生きる悪の時代の霊的背景　113

IV

ミカエルと龍の闘い　173

V

ミカエルの秘儀　241

訳者あとがき　311

シュタイナー
悪について

I

民主主義と悪

こんにちの人びとには、社会生活のもっとも基本的な部分についての現実感覚が欠けているのではないでしょうか。

自分は現実をよくわきまえた唯物主義者である、と思っている人でも、実際は、考えうるかぎりでこの上なく抽象的な理論家なのです。単なる理屈で頭を一杯にして、理論の中に眠り込み、そのことに気づいていないのです。そういうとき、誰かがその眠りから目覚めたとします。そういう目覚めがたまたま生じたのではないとしても、みんなはこう考えてしまうのです。――「誰かがたまたま目を覚まして、何か言った。でもそんなことに気をかける人は誰もいない。」今の時代は本当にそうなっているのです。

皆さんも何度も聞かされてきたことと思いますが、今、繰り返して聞かされるのは、民主主義、民主主義という宣伝です——民主主義こそ文化世界全体に普及させなければならない。人類社会の民主化こそ、救済を約束する。民主主義を世界にひろめるためには、何をやってもいい。

私たちが単純に、ただ耳にする概念を信じ込んで、その中に眠り込んでいるとしたら、以前皆さんに人間の定義として申し上げたのと同じようなことになってしまいます。「人間とは二足で歩き、肌には羽が生えていない生きものである。すなわち羽をむしりとられたにわとりみたいな生きものである」——民主主義の定義もこれと似ています。

羽をむしりとられたにわとりを示された誰かが、それによって人間のことを知ることができる程度にしか、こんにち民主主義の栄光を聞かされる誰かは、民主主義のことを知らされていないのです。

人びとは概念を現実だと思っています。しかしそう思うことで、実は、幻想と現実を取り違えています。子守唄でうとうとし、概念でぐっすり眠り込まされています。

ですから、こういう状態の中で、民主主義のさまざまな制度によって自分の意志が表現されている、と信じ込んでいるのです。そして民主主義の体制においては、常に、少数の何人かがうしろで糸をひいていること、他の大多数の人たちはその意図に踊らされていること、そういう現実にまるで気づいていないのです。

いつも誰かに何かを吹き込まれていると、民主主義の中にいながら、特定の連中にあやつられていることに気づけなくなるのです。みんなはあやつられているのに、自分で糸をひいている、と思い込んでいるのですから、この特定の連中はますます容易に糸をひくことができるのです。この連中は抽象的な概念で人びとを眠りにさそうのです。そして人びとは現実とは正反対のことを信じさせられるのです。こういう状態だからこそ、暗黒の、黒幕の権力者たちは、影響力を容易に行使できるのです。そして誰かが一度目を覚ましたとしても、誰からも注意を払ってもらえません。

興味あることに、一九一〇年、或る人物が目覚めて、立派な文章を書いてくれました。——「大資本家は、民主主義を使って、全体から搾取するための最高に見事な、最高に有効な、最高に柔軟な道具を作ることに成功した。われわれは通常、金融資本家たちは民主主義の敵だと思い込んでいる。大きな誤解だ。むしろ金融資本家たちこそ、民主主義の指導者であり、民主主義の意識的な推進者なのだ。なぜなら民主主義は屏風なのであり、その屏風の背後に金融資本家たちはみずからの搾取の方法をかくしもっているのだから。民主主義という屏風こそ、いつ始まるか分からない民衆の暴動に対する最上の防御手段なのだということが彼らにはよく分かっている。」

このとき、ひとりの人物が目覚めたのです。そして民主主義を弁じ立てることが大事なのではなく、現実を洞察することが大事なのだ、ということに気がついたのです。このことは、現在の状況の中で、極めて大事なことなのです。なぜなら、今こんなにもおそろしい仕方で、人類全体を血みどろの状態に引き込んでいる諸事件が、ごく少数の権力のセンターから誘導されていることに、私たちは今こそ気づかなければいけないのですから。

私たちがいつまでも妄想に陥って生きていくなら、今のまま民族と民族が戦い続けていくなら、こんにちの諸民族間の戦争についての、諸問題についてのヨーロッパとアメリカの新聞雑誌の報道によって、私たちがいつまでも眠りにさそわれているなら、気づくことはないでしょう——諸民族間の対立、敵対について言われていることのすべては、真の原因にヴェールをかけるためのものだ、ということにです。

こんにちの大事件の解説のために言葉をついやすことによってではなく、具体的に糸をひく一人ひとりの人物に言及することによってはじめて、私たちはなんらかの具体的な結論に到るのです。しかしそういうことをすると、しばしば不愉快な思いをさせられます。それにも拘らず、今紹介した文章を一九一〇年に発表した人物、いわば目覚めた人物は、同じ書物の中で、かなりの危険を冒して、現実にフランスを支配し、搾取している男たち五五人の名をリスト・アップしています。このリストはフランスの社会学者フランシス・ドゥレージの一九一〇年に出た『民主主義と金融資本家たち』（Francis Delaisi: “La Démocratie et les Financiers” 1910）に出ています。この著者はその後、評判をとった著作『来るべき戦争』（“La Guerre qui vient”）を書きました。これは一九一二年の出版です。

『民主主義と金融資本家たち』には基本的に重要な事実がいろいろ述べられています。本当に現実に目覚めた著者がそこにいます。この本の中には、こんにち見通すべき多くのことを見通すために、そして人びとの脳の周りを厚い霧のように取り巻いている多くのことを取り払うために役立とうとする衝動が働いています。こういう事柄について、私たちも今、現実を直視する決心を固めなければならないのです。

この本は、もちろん、無視されたままでした。しかしこの本の中で提起された問題は、こんにち世界全体に向って提起すべき問題なのです。なぜなら、民主主義や自治のような、あらゆるスローガンと宣伝を通して曖昧にされている言葉の背後の真実を教えてくれているのですから。例えばこの本の中には、議員の現状についての実に見事な記述が出ています。

一般に私たちが思い込まされているのは、議員はそれぞれ自分の信念に従って行動している、ということです。けれどもそういう議員たちに対して、現状に適応するように仕向けているあやつり糸を知ったときはじめて、議員たちがなぜあれこれの議案に賛成したり反対したりするのか、その理由が見えてくるのです。

大切なのは問題点をはっきりさせることなのですが、ドゥレージは、問題点を見事にはっきりさせてくれるのです。例えば議員の歳費（一年分の給費）について、こう問いかけています。お金にこまっている貧しい議員は、どの側に立つべきなのか。国民はその議員の歳費のために、毎年三千フラン支払っています。しかし株主はそのために三万フラン支払っているのです。ですから、この問いの答えは、おのずと明らかなのです。良き、貧しき議員は、国民から三千フランの歳費を受けとり、株主からは三万フラン受けとっているのですから。

皆さん、次のような言い方に誰が反対できるでしょうか。――「今はじめて人民の味方であるミルランのような社会主義者が議席を得た。なんとすばらしいことか」〔フランス政府内ではじめて大臣になった社会主義者。一八五九〜一九四三年。一八九九〜一九〇二年通商大臣、後の労働大臣、さらに陸軍大臣〕。

こういう成果を得たのは、たしかに大きなことです。しかしドゥレージは別な問いかけもします。――「ミルランは保険会社の代表として毎年三万フランの収入を得ている。そういう人物の自由とは何だろうか。」

ここには目を覚ました人がいます。この人は、ミルランのような人物の行動からさまざまな保険会社まで、どんな糸がつながっているのか、よく見抜いています。けれどもこんにちでは目覚めた人物が真相を語っても、まじめに受けとられません。

もちろん西洋の民主主義について、世界の人びとに美しい話をすることは可能です。でも真実を語るつもりなら、こう言わなければいけないのです。――「こう名乗っているこの人は、こういうことをやっている。そしてこう名乗っているこの人は、こういうことをやっている。」

ですからドゥレージは五五人の人物の名前をあげるのです。民主主義について語る代わりにです。そしてこの五五人がフランスを支配し、フランスを搾取している、と言うのです。これこそが真の現実なのです。私たちも日常生活の中で、真の現実に対する感受性を失ってはならないのです。

ドゥレージの本から次の事実を知ることもできます。或る弁護士についてです。多くの糸が保険会社だけでなく、ありとあらゆる金融業界に彼を結びつけていました。しかしこの弁護士は、それを上廻る名誉心を抱いていましたから、金融業界、産業界、通商・貿易業界から援助を受けただけでなく、学界、アカデミー界からも保護を受けていました。なぜなら学界によって、不滅の世界にまで引き上げられることができるからです。

しかしアカデミーの世界には、二人の不滅の存在がいました。いずれも禁じられているトラスト（企業合同）をたくらんでいました。実際この二人の不滅な存在の働きは、国法に従えば禁じられているトラスト行為を平気で犯していたのです。ですから極めて頭脳明晰なこの弁護士は、この二人の不滅の存在のために法廷に立ち、この両者の疑いを晴らして、釈放するのに成功しました。ですからもう有罪ではなくなったのです。そこでこの二人の不滅の人物たちは、この弁護士も「不滅の存在たち」の仲間に引き入れました。こうして世の無常なものをではなく、不滅なものを監理している科学そのものが、この無私なる弁護士の保護者になったのです。この弁護士の名は、レイモン・ポアンカレ（一八六〇〜一九三四年）と言います。

ドゥレージはこの本の中でフランス大統領ポアンカレ（一九一三〜二〇年）のことを物語っているのです。現実を成り立たせている要因として、こういうことを知ることも大切です。私たちはこういうことにも眼を向けなければなりません。こんにちの唯物主義に染まった教養は、新聞、雑誌からの影響も少なからず受けていますが、真実に眼を向けないで、ありとあらゆるスローガンで覆われているような事柄に眼を向けるのに都合よくできているのです。ですから霊的な認識を学ぶことで、真実への嗅覚をやしなっておく必要があるのです。

ドゥレージのような人が或るとき目覚めて、本質的な問題を提起するとき、どれほど多くの人にそのことが知らされるでしょうか。どれほど多くの人がそれに耳を傾けるでしょうか。誰も聞こうとはしないでしょう。なぜなら、そういう問題提起は、プレスの支配勢力によって、すぐに葬られてしまうでしょうから。ドゥレージは、民主主義と金融のことを論じたその本の中で、透徹した頭の持ち主であることを証明して見せてくれました。しかしその彼にも、いくつかの点を洞察するのには、多くの努力が必要でした。

彼は議会主義の盲目的な信奉者ではありません。彼は民主主義の盲目的な信奉者でもありません。彼はあらかじめ、こう述べています――こんにちの人が誇りに思っている議会主義も民主主義も長くは続かないだろう、と。そして特に「投票機械」のことにも言及しています。ドゥレージはこの議会のための投票機械のことも、まったく科学的にそして真剣に論じています。なぜなら彼は人びとの信頼するこの投票機械の装置の全体に深い洞察の眼を向け、そこではいつでも、確信をもった多数派が頭のおかしな少数派に反対して投票するのを当然だと思わせるものがある、と見抜いているのです。もしも健全な進化が遂げられるべきであるなら、まったく別な制度が導入されなければならない、ということを見抜いているのです。

この別な制度のことに言及するのはまだ可能ではありません。なぜならその代り何が来るのかを語ったら、大抵の人は非常にショックを受けるでしょうから。こんにちこのことを知っているのは、唯物主義者ではない洞察を深くもつことのできる人だけです。過去にあった諸制度は、どれも代わりにはなれません。けれども霊的認識を通して語る人がなんらかの反動的、保守的なような事柄を口にするからといって、皆さんが恐がる必要はありません。過去の事柄が議会主義や民主主義の代わりになることはありえませんから。けれども新しく来る何かは、こんにちの投票機械が示しているような事柄とは、ショッキングなほど違っています。まだそれは狂気の沙汰でしかないかも知れません。それにも拘らず、それは時代の進化の衝動にとって大事なものになるでしょう。けれども、ドゥレージも述べています——身体の進化の中に役に立たない機能が生き続けていくように、議会制民主主義はこれからも長い間機能し続けるであろう。しかしこの制度のいのちは、そこから去っていく、と。

ご承知のように、私たちはそういう身体部分をもっています。耳を動かすことのできる人がいます。そのための筋肉は、かつては必要だったのですが、今は必要な役割を終えています。人間はこんにちでも耳を動かす筋肉をもっていますが、その筋肉は、もはや必要な役割をもたない、いわば先祖返り的な身体部分なのです。ドゥレージは未来の議会を、そのようにイメージしています――議会はまだそのような斜陽化した、死滅寸前の、先祖返り的な残滓であり続けるだろう。しかしそれとは別の何かが、人間の進化の中に導入されるだろう、と。

私はまだあまり長いときの経っていない一九一〇年に出版されたドゥレージのことを紹介して、本来十分な数の目覚めた人がいることに、皆さんの注意を促がそうとしました。なぜなら、たったひとりでも十分、数千人の代わりになるのですから。大事なのは、この数千人の代わりになるひとりのことを、みんなが無視しないことなのです。

私は皆さんに、霊的な生活の諸法則を、霊的な生活の諸衝動を知ってもらえるように努めておりますが、このことと並んで、現代の重要な諸現象に皆さんの注意を向けることも私の使命だと思っています。でも皆さんがそれぞれ自分で経験なさるでしょうが、皆さんはこの地で、この連続講義の中で重要なこととして聞いたことは、一般の社会生活の中では重要なことにはなっていません。皆さん自身がいくらそうだと言ってもです。私たちがやっていることと一般社会で普及している営利主義との違いは、ラディカルであり、根本的なのです。そのことを私たちが十分深刻に、真剣に受けとるときにのみ、私たちは本当に、ふさわしい仕方で、霊的認識のために働くことができるのです。

（『ミカエルと龍の戦い』〔本書V部〕第六講後半より抜粋　ドルナハ　一九一七年一〇月二八日）

悪について

認識問題としての悪

今日はそもそも人類のもっとも古い問いのひとつである悪の問題を取り上げようと思います。私たちの時代は、この問題をそれほど深刻には受けとめていませんが、それにも拘らず、私たちの魂は、心のどこかで繰り返して、この問題に立ち戻る必要を感じとっています。なぜなら、まさにこの問題は、理論的、科学的な観点からでは私たちの心に迫ってきませんが、人間の魂が人生の道を一歩一歩進んでいくときには、どうしても向き合わざるをえない問題なのですから。実際、私たちの人生は、その都度善にも悪にも関わっていかざるをえないのです。

私たちが人類の精神の歴史をひもとくとき、悪の問題がいつでも深い思索家にとっての大切な問題であったことを確認することができます。けれども他方において私たちは、一九世紀以来現代にいたるまでの主要な思想家たちの多くが、認識のために努める中で、まさにこの問いの前では二の足を踏んでいるのにも気づかされるのです。それで今日は、この冬期におけるベルリン講義でこれまでお話してきたことをふまえて、悪の謎の本質に迫っていきたいと思います。

私ははっきり、「迫っていきたい」と申し上げました。なぜならこれまで繰り返して述べてきたことが、特にこの悪という重要な問題の場合にあてはまるからです。すなわち、神秘学が外的な科学では扱えない存在領域に眼を向けようとするとき、その努力はまだまだ十分な成果を上げているとはいえないのです。

至高の問題を提示するだけなら容易です。認識の問題に取り組みはじめれば、そのような至高の問題に向き合わざるをえません。しかし真の認識への努力に関しては、自分は今、道の第一歩を踏み出したばかりだ、と思わざるをえないのです。人生の大きな謎を解くための道の第一歩です。

そこで、今日は、はじめに、この悪の問題が長い時代の流れの中で、すぐれた思想家たちの心を深くとらえ続けてきたことの例を、若干取り上げておきたいのです。私たちは人類史の遠い過去にまで遡ることができますが、しかしここではまずキリスト紀元前数世紀に生きていたギリシアの思想家たちに眼を向けようと思います。まずストア派にです。この派の人たちは、ソクラテスとプラトンの立場に立って、次の問いの答えを見つけようと努めました。

「自分の内奥の本質にふさわしく人生を生きるためには、われわれはどう生きればいいのか。

自分には定められた使命があるのか」

この問いは、ストア派の根本問題である、といえます。ストア派にとっての賢者の理想とは、自分の使命に従ってこの世を進んで生きていこうと努めることだったのですから。

ストア派の賢者の理想をストア派の世界観全体との関連でくわしく述べようとすれば、今日のテーマから離れすぎてしまいますが、しかし少くとも一点だけ強調させていただくなら、人類の進化とは、人間の自意識、人間の自我意識をますます明らかにしていく過程なのだ、という思いがストア主義の中にはっきり現れているのです。人間は自我を通してこそ、まったき意識をもって世界の中を生きていける。けれどもこの自我は容易に曇らされ、いわば自分を麻痺させてしまう。人がみずからの表象と知覚の波の中へみずからの情念をあまりにも強く没入させてしまうなら、自我が麻痺してしまう、とストア派の賢者は語ったのです。

人がみずからの自我の明るさをみずからの情熱、激情で覆い、暗くしてしまうことは、ストア派にとって、一種の精神喪失に陥ることにほかならなかったのです。ですから情熱、激情を抑制すること、平静と均衡に努めること、これがストア派の意味で魂を精神喪失から救い出すための手段だったのです。

ストア派の中でしばしば強調されたように、霊界認識の第一歩は、精神喪失を生じさせる激情と情熱の荒々しい波から抜け出して、明晰なる内観を獲得することでした。ストア派のいう霊視への道の第一歩は、このようなものでした。哲学史の中でこれまであまり取り上げられてこなかったストア派の本質のこの側面について、私は『一九世紀の世界観と人生観』の新版の中で、明らかにしようと試みました。そこでは今述べたような仕方で、情熱と激情の抑制者がストア派の賢者として、理想としてイメージされています。そのようにして世界の進化発展のために身を捧げる賢者は、この世界の進化発展のためにストア主義があること、みずからの叡智をいわば宇宙叡智の流れの中に沈めるためにストア主義があることを自覚していたのです。

ですから、どのようにして人間の自己は宇宙秩序の中に組み入れられるのか、という問いが浮かび上ってくるときはいつでも、もうひとつの問いも浮かび上ってきました。その問いとは次のようなものです。——人間が宇宙秩序の中に組み入れられようとするとき、その前提となるべき宇宙秩序の叡智は、悪とどのような関係にあるのか。悪は宇宙上のいかなる経験の分野をも支配しつつ、叡智への人間の努力に対抗しているのではないのか。

さて、ストア派は、後に「神の摂理」と呼ばれる理念を大切にしていました。ではそのストア派は、みずからの立場の前提である「神の摂理」と悪との関係を、どう考えていたのでしょうか。

ストア派の考え方の中には、いわばこんにちの神秘学の前提である「人間の自由と必然」の問題が、すでに現れています。ですからストア派はこう考えます——人が賢者の理想のために自由な立場で働くのなら、ときには働かない自由もあっていい筈である。賢者の理想のために働くときにも、自由でなければならない。したがって本来ならそこから抜け出なければならないようなところに留まる自由もあっていい筈だ。いわば激情と情熱の中に沈むことがあってもいい。そうしたらその人は（つまりストア派の人は）自分の国とはいえない国の中に、自分の存在以下のところにある国に沈んでいる。そのとき、自分が自分より下の国に沈んでいけることを、かしこい宇宙秩序に対して非難してはいけない。そんなことをしたら、人間より下のところに動物界、植物界、鉱物界があることもかしこい宇宙秩序に対して非難するのと同じことになってしまう。

ストア派の人たちは、自分たちが沈んでいくことのできる国、そして自分の叡智を忘れさせる国のあることを知っていましたが、そのような国から浮き上がることができるのも、自分たちの自由な選択であり、自分たちの叡智なのだと思っていました。

このように、すでに古代のストア派の叡智の中に、悪の意味の問いに対するいわば神秘学の門前での答えの多くが、概念として与えられていたのです。悪そのものの理解に関して、その後の多くの年月が進歩を示している、ということはできません。このことは、アウグスティヌスのことを考えても納得できます。

その他の点ではアウグスティヌスは非常に重要な人物であり、西洋のキリスト教の形成に大きな影響を与えましたけれども、そのアウグスティヌスも、この世における悪の意味について考察したときには、次のような結論にしか到りませんでした。すなわち、本来の悪はまったく存在しない。悪は善の否定であるにすぎない。善は積極的なものである。しかし人間は弱さのゆえに、善を常に実行することはできない。人間の善には限界がある。そしてそのような制約された善は、もはや積極的であるとはいえない。ちょうど光の投影する陰が、積極的であるとはいえないように、である。

教父アウグスティヌスが悪について語る言葉は、すでに数世紀に亙って進歩してきた思想に較べて、素朴だと思えるかもしれません。しかし悪の意味の問題に関しては、こんにちでも依然として、同じ答え方がなされています。

例えばR・J・キャンペルの『新しい神学』（独訳一九一〇年）は、人びとの大きな注目を浴びましたが、彼は悪については問題にすることができない、という立場に立っています。なぜなら、悪とは積極的な事柄なのではなく、消極的なものでしかないから、というのです。

アウグスティヌス＝キャンペル的な立場を批判する哲学的なわずらわしい穿鑿《せんさく》にこれ以上関わろうとは思いません。なぜなら、とらわれずにものを考えることができる人なら、悪は消極的なものだ、という答え方は、まるで冷たさとは何か、と聞かれて、冷たさとは、消極的なものにすぎず、熱さの不在のことにすぎない、というようなものなのですから。

冷たさについては、何も積極的なことを語ることができない、というのですが、例えば寒いときに薄着のままでいたとしたら、冷たさを積極的なものと感じるに違いありません。こういう単純な例からでも、一九世紀の著名な哲学者の多くが与えていた答え方がどんなに浅薄なものだったか、明らかです。悪に対して、何も積極的なものが認められない、というのでは、何も語ったことにはなりません。悪に関して何も積極的な事柄と向き合えない、ということがありうるかもしれませんが、しかしこの「何も積極的なものがない」というのは、熱さに対して冷たさが積極的なものではない、というのと変わりはないのです。

しかし別の一群の思想家たちもいます。この人たちは、ゆたかな心情生活を通して神秘学的な立場に立っています。例えば三世紀の新プラトン派として、プラトンの立場を継承しているプロティノスは、他の多くの新プラトン派同様、悪の存在について深い思索を行なっています。この人たちは、人間が霊と物質体とから合成された存在であることを明らかにしようとしました。人間は体《たい》的存在に沈潜することによって、物質の特質とも結びついている。その物質の特質は、はじめから霊の活動を妨害している、そう述べたあと、さらに、人生における悪の起源は、まさに霊が物質の中に沈潜することの中にある、と述べています。人生にとってだけでなく、外の世界にとっての禍いの起源もそこにある、というのです。

世界における悪の意味という大問題になんらかの仕方で答えようとする思いは、ヨーロッパ文化圏内に留まらず、もっと広範囲に見られます。ですからここで別の例をどうしても取り上げたいのです。まったく別の文化圏から出た思想家の例です。中国の思想家王陽明の弟子である日本の中江藤樹（一六〇八～四八年）の場合です。

中江藤樹にとって、私たちがこの世で経験するすべては、二つの事柄、二つの本性から成り立っています。彼は一方の本性を、霊に対するように考察し、そして人間の魂をこの霊的なものに関与させているのです。この本性を彼は「理」と呼んでいます。さらに彼は人間にとって体的に現れるものにも眼を向け、そしてこの体的本性を物質から成り立っているすべてに関与させているのです。この本性は「気」と呼ばれています。そしてすべての存在は、彼の場合、この理と気のそれぞれ固有の組み合わせから生じているのです。

一七世紀前半に活動した東洋のこの思想家にとって、理も気も不可欠な存在なのです。しかし人間の魂が理を体験しつつ気の中に沈潜することで、いわば理をもって気に沈むことで、気から意志が生じ、そしてその意志から欲望が生じます。そうすると、意志と欲望に取り込まれた人間の魂は、悪の可能性をふまえて生きていかざるをえなくなるのです。

一七世紀の前半の時代に生きた東洋のこの思想家の立場は、プロティノス以来の、新プラトン派の悪の起源についての思想、つまり物質にとらわれた人間の状態が悪の始まりである、という思想ととても近いのです。

私たちも、あとで取り上げますように、物質にとらわれた状態の中に悪の起源を見る、という立場に一度はっきり立ってみるのは、大事なことなのです。まさにこの立場は、人間文化の広範囲に及ぶ地域に現われているのですから。

ヘルマン・ロッツェとヤーコプ・ベーメ

一九世紀のもっとも重要な思想家のひとりも悪の問題と取り組んでいました。彼のその思想の中心になるものをここで取り上げたいのです。この人物、ヘルマン・ロッツェ(一八一七〜八一年)は、周囲の世界の中の悪の部分、人間の中の悪意に注目して、哲学者として、特に心情の特質を深く考察してきた立場から、悪について、ひとつの結論に達しました。彼には非常にすぐれた『ミクロコスモス』その他の著作がありますが、悪についてまずこう述べています。——悪は否定されるようなものではない。悪は人生の中にはなくてはならない。なぜなら人間の魂は、悪から抜け出ようと努力することによってのみ、育っていくのだから。

ロッツェは無神論者ではなく、世界を生命化し、世界に活力を与える神の存在を受け容れているので、さらにこう問います。——では教育上必要な存在であるべき悪に対して、どのような態度をとるべきなのか。神が悪を必要としており、人間をそこから抜け出ようと努力させ、魂を自由に働かせようとしている、としてみよう。でもそんなことが人間にできるのだろうか。人間は悪から抜け出ようと努力し、そうすることによって自分の真の存在と自分の真の価値とを自覚することができるのだろうか。

ロッツェはそんなことができる筈はない、というのです。――こういう解答を用意する人は、動物界のことを考慮に入れていない。動物界には、悪も悪意もいたるところに現れている。なぜ動物界に残酷さが生じるのか。人間生活の中に持ち込まれたら、この上なくおそろしい悪徳となるような状態が、動物界のいたるところに現れている。動物界の中に教育を持ち込めると誰が主張できるのか。

このように、ロッツェは教育に結びつけようとする考え方を否定します。全能なる神とこの教育思想とは相容れないことに、ロッツェは注意を促すのです。つまりはじめに悪しきものが与えられているとき、そのときはじめて、より善きものをこの悪しきものから取り出す必要が生じる、善の土台となるものを準備するために、まず悪を生じさせなければならない、というのは、全能なる神の存在と矛盾するというのです。

ですからロッツェは、さらに次のような考え方に注意するように促します。――悪の存在、悪意の存在は、全能なる神に由来するものではない。なんらかの意識的な存在の意識に由来するものではない。悪とこの世に存在しているものとの関係は、ちょうど三角形の内角の和が一八〇度であるという原理と、ひとつの三角形との関係のようなものだ。だから神がひとつの世界を創造しようとするとき、神のいないところでも真実であるような原理に従わざるをえなかった。神は、自分が創造しようとしたなんらかの世界が悪と結びついていることを認めなければならなかった。

神は、そもそもひとつの世界を創造するときには悪をも創造しなければならなかったのだ。けれどもロッツェはこの考え方にも反対します。――もしもそうだったら、神的存在のこの世における働きを制限することになる。なぜならわれわれでさえ、世界を考察するとき、悪の存在しない世界を想像することができるのだから。世界の諸現象についてのごく一般的な法則を考えてみても、悪と自由とは互いに相容れない。だからまさに神的存在の自由なる意志によって、悪が生み出された筈はない。

以上、ロッツェの考え方を典型的な考え方として紹介したのですが、悪の謎については、別の考え方もありますが、ここではその前にロッツェが晩年、最後に到達した見地にも注目しておきたいのです。この立場は、あとで述べる事柄にとっても重要になるからです。晩年のロッツェはドイツの哲学者ライプニッツを批判しています。ご承知のように、ライプニッツはひとつの「弁神論《テオディツェー》」を書きました。つまり全能なる神ならびに善が悪の存在と矛盾するものではないことを論じ、この世が、たとえ多くの悪を含んでいるとしても、どんな世界よりも最上の世界である、と主張しました。ライプニッツによれば、もしもこの世が最上の世界でないなら、神は最上の世界を知らなかったのか（これは神の全知に反します）、または最上の世界を創造しようと欲しなかったのか（これは神が最善であることに反します）、または最上の世界を創造することができなかったのか（これは神の全能に反します）、そのいずれかになってしまうのです。ですからライプニッツは、われわれの思考では神のこの三つの原則に逆らうことなどできないのだから、この世が最上の世界であるのを認めないわけにはいかない、というのです。

これに対してロッツェは、こう反論します。いずれにしても、われわれには神の全能を論じることなどできはしない。われわれにできるのは、悪が支配しているこの世の中が、神からのひとつの流出である、と思うことだけだ。ライプニッツは、神の全能性に制限を加える仮定を立て、そうすることで最上の世界という考え方を買いとったにすぎない。これが晩年のロッツェの立場でした。

ロッツェはさらに、もうひとつ逃げ道がある、ともいいます。宇宙を全体として見ると、そこには秩序と調和があらわれている。しかし個別的な事情の中には、悪があらわれている。しかしそもそも、人間の立場に依拠しているだけにすぎないような立場に、どうして立とうとするのか？　実際、全体としてはわれわれが讃美することのできる秩序と調和が支配しており、個別的な事情の中で、黒いしみのように悪が点在しているのだ。そういう状態の中で、われわれの言えることは何なのだろうか。ロッツェのそれに対する答えがすごいのです。いずれにせよ、世界には悪がはびこっている。そうであるなら、善が悪であるかのように、良いことが悪いことであるかのように存在しているだけなのではないのか。ただそのことをわれわれが洞察できずにいるだけなのではないのか。われわれの認識力では、悪を認めざるをえないだけなのではないか。人間の認識力では手のとどかないような、高次の叡智があるに違いない。その叡智なら、悪の正当性を認めることができるに違いない。

ですからロッツェは、われわれには認識することのできない未知の叡智世界の中へ、悪の本質を移してしまうのです。

今、いずれにせよ、多かれ少かれ衒学的なこのロッツェの論証を紹介したのは、この哲学者が悪を認識するためにどんな論理の武器を使っているのかを知っていただきたかったからです。この哲学者はこれまで繰り返して、こう告白してきたのです。こういう武器ではこの世で遭遇するさまざまな理不尽さに対しては、まったく歯が立たない、と。

しかし別の思想家もいます。例えば先ほどのプロティノスよりもこの点でさらにラディカルに、高次の認識を獲得することによってはじめて見えてくるような、実存の深層の中へ悪を導き入れようと試みてきた人たちです。そういう思想家のひとりは、ヤーコプ・ベーメです。

ベーメは一六世紀、一七世紀の時代の人ですので、われわれの時代からそれほど遠い過去の人ではありません。けれども現在ベーメは、一種の珍奇な思想家と見做されています。

彼は存在の深層に深く入っていこうとしました。そして一種の神智学、一種の見神体験をもつところまでいこうとしました。そしてその上で悪を世界のもっとも深い層にまで追求し、悪が否定的な何かであるだけでなく、存在の深層に、人生の深層に根ざした何かであることを明らかにしようと努めました。私たちはまず、彼の表現の仕方に馴れる必要があるのですが、まず第一に彼の見る神的本性とは、みずからの中にひとつの「異質性」が現れるのでなければならないのです。

神といえども、世界の中に自分の働きをただ流し込むだけでは、決してみずからの存在を自覚することができません。自分の働きが何かとぶつかるのでなければならないのです。小さなレベルでは、私たちは毎朝、目が覚めると、この「異質性」に出会います。目が覚めると、私たちは私たちの霊的、魂的な活動を外の世界の無限のひろがりの中へ持ち込みます。私たちの霊的、魂的な活動を環境にぶつけるのです。環境とぶつかることによって、私たちは自分のことを意識するのです。

人間はそもそも、物質界の中でのみ、自分自身を意識することができます。いわば事物とぶつかることによってです。神的な存在は、他の何かとぶつかるような存在ではありませんが、しかし神的存在にも、異質な何かが必要なのです。ヤーコプ・ベーメの言い方に従えば、みずからの「ノー」を、みずからの「イエス」と対置する必要があるのです。神的存在の無限にひろがる活動にも、制限が加えられなければならないのです。それにはみずからの中に、「異質な」ものが存在しなければなりません。言いかえれば、区別する働きがです。みずからの活動圏の特定のところに、みずからと対立するものを生じさせなければならないのです。神的存在は、みずからを知覚することができるように、自分で自分の対立物を創り出さなければならないのです。

このようにして、ヤーコプ・ベーメによれば、神的存在から流れ出るものだけでなく、神的存在が自分の存在を確認するために必要とするものに被造物である人間が関与することの結果として、この世に悪が、すべての悪しき存在が生じたのです。

神的存在は、自分を確認するために、対立物を、敵対するものを措定するのです。ですから悪そのものというよりも、神的存在がみずからを確認するのに必要なものが問題だったのです。けれども被造物が生じ、そしてその被造物が神から流れてくる生命の中に包み込まれるだけでなく、その対立物にも関与することによって、悪が生じた、というのです。

しかし今、神秘学の立場から生存の秘密に迫ろうとするとき、こういう答え方では十分に納得するわけにはいきません。こういう答え方の意味は、思慮深い思想家がこの世における悪の始まりを考察するとき、どこまで深く問題の本質に入っていけるかを明らかにすることでしかありません。私たちにとっては、こういう仕方の答えよりももっと悪の謎に迫ることのできる答え方が、今、必要なのです。

新しい認識の時代の悪

ロッツェのような傑出した一九世紀の思想家の告白に接すると、次のように思わざるをえません。――ロッツェは、悪の存在を正当化することのできる叡智がどこかに存在するに違いない、と思っていた。しかし人間の認識能力には限界があるので、そのような叡智に到ることはできない、とあきらめている。

しかし私たちは今、新しい認識段階を眼の前にしているのではないでしょうか。私たちの時代は偏見が支配しています。どういう偏見かというと、人間の認識能力は今も昔も変りない、という偏見です。ですから日常意識から抜け出すことのできるような、自分を乗り越えていくことのできるような意識状態がありうる、とは考えようとしないのです。

単なる感覚的、物質的な世界とは異なる、超感覚的世界を見ることができるという主張は、非科学的以外の何ものでもない、と思ってしまうのです。ですから悪の起源のような重要な問いに答えを見出せるとは思えないのです。感覚世界と結びついた知覚と知性だけを頼りにしているので、日常世界で通用している認識能力を超えることができるなどとは、思っていないのです。

これまで繰り返し述べてきたように、人間の魂は身体から抜け出ることができます。近代化学が水から水素を分離するように、霊的化学は、人間の中の霊的、魂的なものを身体から分離するのです。私たちの霊的、魂的なものが身体から分離し、霊界の中でも知覚することができるようになりますと、もちろん身体の中でではなく、身体の外での直接的な体験を通して、存在の深層にも眼がとどくのです。では、『いかにして超感覚的世界の認識を獲得するか』でくわしく述べたこの霊的探求の道を歩むとき、一体何が見えてくるのでしょうか。
私たちが今、特別関心を寄せるのは、そのとき、この道の途上で通常の生活の中で「悪」と呼ばれている事柄に出会うことなのです。

そのときには、日常生活の中での悪がますますきびしい、深刻なものになっていくのです。霊的な探求を行ない、高次の世界に参入して、いわば身体から抜け出た自分の霊的、魂的な働きで霊視しようと努めるとき、日常生活の中で悪に関わるすべて、人生の中での不完全と思われていただけのすべてが、この上なくきびしい障害となって現れるのです。日常生活においては、ただ不完全な、不十分なものでしかなかった事柄が、もっとも深刻な苦しみとなって現れるのです。

こう申し上げたからといって、霊的探求を志して、霊界をかいま見ることのできた人は、みんなすぐれた人だ、というような傲慢な考え方を押しつけるつもりはまったくありません。そんなことをいうつもりはまったくありません。むしろこれまでも繰り返して述べてきたように霊的探求の道は、或る意味では殉教行為なのです。

なぜなのかといえば、私たちは、身体から抜け出た霊的、魂的なものと共に霊界に参入する瞬間に、自分の人生の不完全さをいやというほど思い知らされるのですから。自分の不完全な人生を、まるですい星が長い尾を引きずっているように、引きずっていかなければならないのだ、と悟るのです。自分はそのような尾を引きずったまま、次の人生へ生まれ変る。そしていつか、後の人生の中で、そのつけを清算しなければならなくなる。自分はこれまでそのことを意識することなく生きてきたが、今その事実を眼の前にしている。そのことに気がついて、苦悩せざるをえなくなるのです。

このどうしようもなくつらい思いが、霊界に参入しようとするときの私たちにつきまとっています。もしもつきまとっていなかったら、霊界への真実の道ではありません。その意味で、超感覚的世界の認識を獲得するとき、新しい深刻な人生が始まるのです。そのときには、いずれにせよ、自分自身の悪と自分自身の不完全さを無限の明るさで見つめることになるのです。ですから、こうもいえます——霊界参入の出発点は、自分の不完全さと悪とを経験し、認識することなのだ、と。

一体なぜそうなのでしょうか。なぜそうなってしまうのでしょうか。そのことをあらためて考察すると、いわば一切の人間悪の根本が見えてきます。最近出版した『霊界の境域』の中で、私は人間悪のこの根本に注意を向けようと試みました。すなわち、一切の悪に共通する根本特徴は、自己主義以外の何ものでもない、ということにです。

これから立ち入ってお話しするつもりですが、この悪の本質を個々の例をあげて具体的にお話しするとなると、何時間もかかってしまいます。ですからここでお話しする観点に立って、それぞれご自分で問題を具体的に追求していただければ、と思います。この観点は「人生の道徳的基礎」と題する次回の講義でもさらに発展させていこうと思っています。

基本的に一切の人間悪は、自己主義に由来するのです。ふとした不注意による小さな間違いから凶悪な犯罪にいたるまで、一見したところ魂の問題であるように見えるにせよ、身体の問題であるように見えるにせよ、人間の不完全さと人間の悪に関わるすべてに共通した特質は、常に自己主義が原因で生じるのです。

悪の本当の意味は、人間の自己主義と結びつけて考えるとき、はじめて見えてきます。そして自分の中の悪、不完全さと戦い、それを克服する可能性は、自分の中の自己主義をどう克服するかの一点にかかっているのです。

道徳のあれこれの原則、あれこれの根拠について、これまでいろいろな考え方が提示されてきました。しかし道徳原則や道徳的根拠を深く探求していけばいくほど、自己主義がすべての悪の共通の基礎であることが明るみに出てくるのです。ですからこうもいえます——人間はこの物質界の中で自己主義を克服すればするほど、悪から自由になることができる、と。

しかしこの結論は、もうひとつ別の結論をも導き出します。その別の結論は、今私の心に重くのしかかっている結論です。身体から抜け出た霊的、魂的な力で霊界に参入しようとするときの私たちは、一体何を育成しなければならないのでしょうか。これまでこの地で述べて来た魂の修行についての話を思い出して下さるなら、感覚界での特定の魂の特性を強化すること、魂をますます力強い能動的、自主的なものにしていくことを目指しているのが分かると思いますが、その場合――私たちの道徳目標とは正反対になりますが――、物質界での自己主義をもっともっと集中したものにしなければならないのです。

なぜなら強化された魂の力だけが、この世で霊界へ参入することが許されるのですから。魂は自分の自己《エゴ》を力強いものにしなければ、霊界へ参入できないのです。物質界で道徳的に生きようと望む人が脱ぎすてなければならないものこそ、霊界への道においては大切にされなければならないのです。

すぐれた神秘家アンゲルス・シレジウスは、この自己のことを次のような詩句で表現しています――

バラがみずからをよそおうとき、
庭園もそれによってよそおわれる。

この言葉はたしかに或る範囲内では正しいのですが、人間の自己がもっぱら、みずからをよそおうバラであるとしたら、みんな自己主義になってしまうのではないでしょうか。

けれどもこの詩句の意味する事柄は、霊界においては百パーセント正しいのです。霊界においいては、高次の意味で、「バラがみずからをよそおうとき、庭園もそれによってよそおわれる」が生きているのです。魂が霊界に参入しますと、その魂は、内なる力に支えられ、内面を充実させていけばいくほど、奉仕する役割に徹することができるようになるのです。私たちが日常、不完全な道具を使ってもうまく仕事がはこばないように、霊界における魂は、自分の中に内在している能力のすべてを自己の中から、エゴの中から取り出して活用することができなかったら、先へ進んでいくことができません。

一切の言い訳なしに、ストレートに事実だけをいうなら、霊界と物質界との関係においては、後者は前者とは別の、みずからの使命をもっている、といわなければなりません。人が霊界に生きているだけなら、内なる能力を発揮すればいいのです。「バラがみずからをよそおうとき、庭園もそれによってよそおわれる」のですから。でもそれだけでは、物質界の中で利他的な態度で、人びとと一緒に、広い世間の中で働くことはできません。私たちが利己主義を克服することのできる場所は、この物質界の中にしかないのです。だからこそ、この世での私たちは、利他主義を大切にするように義務づけられているのです。

しかし死の門を通過した瞬間に、私たちは自分のエゴを最大限に強めることが求められます。ですから私たちの魂にとって、物質的、感覚的なこの世は、一大道場なのです。この道場での私たちは、言いかえれば、私たちが道徳的であろうとするかぎりは、外へ出ていかなければなりません。そして自己主義を利他主義に変容させなければなりません。私たちの魂が道徳的であるためには、生存の広い世界に役立つ何かにならなければならないのです。

そして死から新しい誕生までの世界にいる私たちの魂は、自分の中で力強く生きていかなければなりません。もしもこの霊の世界の中に弱々しく、無力なままに入っていったなら、まさに無価値な存在にしかなれないでしょう。

魂のこの二つの本質的な在り方から、何が見えてくるでしょうか。そこから見えてくるのは、こういうことです。一方の分野、一方の世界の中での魂は、自分の内面の向上を大切に守らなければなりませんが、もう一方の地上の世界においては、何か特別なことのためにのみ、せいぜいのところ霊界に参入するために、自分の魂を大切に守らなければならないのです。

もしも人間がこの物質的、感覚的な世界の中で、自分の本性だけをひたすら充足させ、まさに霊界においてならふさわしい生き方を求め続けるなら、その努力は悪に染まり、好ましからざる方向に行ってしまうでしょう。だからこそ私たちは、死から新しい誕生までの霊界においては、私たちの自我を強化し、力強い在り方をしなければならないのです。そして物質界を生きるときの思考と行為が可能なかぎり自己中心的にならないように、そのための準備をしなければならないのです。

私たちは、生まれる前の霊界において、自分の自己主義を大切に育てて、その自己主義の力が将来この世で無私の態度を、言いかえれば道徳的な態度をもてるように配慮しなければなりません。

まさにこの点において霊界に参入することのかけがえのない価値があるのです。霊界にいるときの人間は、自分の中の悪、自分の中の不完全さを自分の影の部分と見做します。そして私たちが感覚世界と結びついて生きなければならないことを思い知るのです。私たちの運命、私たちのカルマは、感覚世界に結びつかざるをえないのです。そのようにして霊界を生きる私たちも、もはや自分で生きるだけではなく、世界全体と共に生きることができるようになっていくのです。

以上述べたことから明らかなように、霊的な進歩にとって本質的な自己完成を、直接物質生活の中でひたすら遂行しようとすることこそが悪なのです。

霊的に進歩するということは、自分の中の何かを禁止することなのではなく、むしろそれを生かさなければならないのです。このことは義務に関わる何かであるとさえいえます。霊的な義務とは、人間以外の存在にとっては法則であり、人間にとっては進化することなのです。しかし霊的な進化にとって義務であるべき事柄が直接物質生活に適用されると、悪になってしまうのです。

外界に関わる物質生活とそのために必要な道徳生活は、魂が霊界に近づくために努力する内面生活と両立して存在するのでなければなりません。けれどもそうだとすると、そこにはどうしても矛盾が生じます。けれども世界は、そういう生きた矛盾から成り立っているのです。私たちは自分の魂を強化しなければなりません。エゴを、自我を強めて、霊界へ参入しようと努めなければなりません。けれども霊的向上を目指すとき、自己主義だけを強化してしまったら大した進歩は望めないのです。

でも、自己主義なしに霊界へ参入するのでなければならないのに、私たちは自己主義なしでは、霊界へ参入することができないのです。こう考えると、本当に気が重くなってしまいます。

私たちは、自分の自己主義的な働きを客観的に見据えて、自分がこの自己主義的な働きで外なる世界と結びついている、という現実をふまえてこの世を生きていかなければなりません。

ですから私たちが今やるべきなのは、この世の生活のために非利己的な人間になろうと真剣に努力することなのです。なぜなら人間は、霊界においては非利己的になる機会がもてないのですから。霊界においては、魂のいとなみを強化していかなければならないのですから。

しかし以上に述べた矛盾は、見せかけの矛盾にすぎません。私たちは、修行を通して霊界に参入するときも、死の門を通って霊界に歩み入るときも、私たちの内部に存在する魂の強さで生きなければなりません。けれども、物質界における利他的な生活を通してこの魂の強さを獲得するのでなければ、そういう強さを獲得できないのです。物質界における利他主義こそが、霊界において、存在の価値を高める正当な自己主義になるのです。

このことからも、霊界と物質界との関係を考えるとき、身近かな概念でさえ理解するのがどんなに難しくなるかが分かります。例えば誰かがこの世に生まれてくるとします。そのとき、つまり生まれる前の、最後の死と今の誕生との間の霊界において自分であった存在が肉体に包まれたとき、霊界においては善であったものを物質界の中に持ち込むことで、その人の霊は、肉体の中で迷ってしまいます。霊界において善であったものが、物質界では悪になりうるのですから。

このことは人生における重要な秘密なのです。霊的な存在として必要としていたもの、自分にとって霊的に大切だったものが、物質界に持ち込まれると、その高貴な、すぐれた霊的性質が、この世の物質界においては、もっとも深刻な仕方で道を踏み誤らせてしまうことさえあるのです。

この世の人生において悪は何によって生じるのでしょうか。この世の犯罪は、何によって引き起こされるのでしょうか。人間がみずからの悪しき本性ではなく、よき本性を、それ自体は悪ではない身体の中に沈め、身体の中で身体とは異質のこの本性を発達させるとき、そのことによって悪が、犯罪が生じるのです。

私たち人間は、なぜ悪人になるのでしょうか。なぜなら私たちが霊的な存在だからです。私たちが霊界で生きるようになると、すぐに、物質界では悪になる特質だったものを発達させなければなりません。

残酷な行為、卑劣な奸計をこの世という物質的、感覚的な世界から取り出して、霊界の中で生かすことを想像してみて下さい。そうしたらそのような悪は、霊界の中で私たちを進歩させ、より完全にしてくれる能力になる筈です。霊的な働きを感覚世界の中で間違った仕方で用いることが、悪に導くのです。人間が悪人になれなかったとしたら、すでに霊的な存在ではないのです。人間を悪人にする働きを、私たちは自分のものにして、自由に行使できなければ、決して霊界に到ることはできないでしょう。

人間が学ぶ叡智とは、内的に次のような洞察をもつことなのです――物質世界の中でお前を悪人にする能力を、物質生活の中で働かせてはならない。なぜなら、そういう能力を物質界で働かせれば働かせるほど、お前は魂に霊的な力を賦与する機会をのがすことになるのだから。そうしたらお前は霊界で生きていかれなくなる。そういう能力は、霊界でなければ、正しい場所を見出すことができないのだ。

悪の霊性

そう考えると、悪そのものが、物質界だけでなく霊界の存在をも想定する必要を示唆している、と思わざるをえません。ロッツェその他の思想家の認識能力が、感覚世界を考察して、人は悪の起源を知ることはできない、ということに留まってしまうのは、なぜでしょうか。なぜなら認識能力が霊界の存在を認めようとしないからです。物質界の中だけでは悪を解明することができないのです。悪が霊界に属する力の濫用であることが見えないからなのです。

霊界の存在を否定する哲学者が物質界の中に悪の存在を見出せずにいるのは、不思議なことではありません。悪の起源を見出すために超感覚的世界に到ろうとするのを、はじめから拒否しているのですから。でもそうしたら、例えば動物界のような外の世界で悪として現れるものをも正しく認識できないでしょう。だからこそ私たちは今、人間の行動に悪が現れざるをえないこと、超感覚的世界において偉大な、完全なものが、物質界においては反対のものに転化してしまうことを、はっきりと知っていなければならないのです。

しかし動物の悪を考察するなら、生きるために霊界における偉大なものを、場違いなこの世の中に持ち込む人間のような存在だけでなく、動物界のような領域へ悪を持ち込み、そこに悪を生み出す霊的存在たちもいることが分かります。言いかえれば、人間だけが悪をこの世に持ち込むのではなく、別の存在たちも悪をこの世に持ち込んでいることを認めざるをえないのです。

動物界は基本的に、眼に見えぬ霊界のひとつの現れです。この霊界の現れの中でも、人間が霊的な働きを間違った仕方で人間社会の中に持ち込むのと同じことを、人間以前に行なった存在たちがいたのです。この存在たちによって、動物界の中にも悪が生じたのです。

今日申し上げたように、魂が物質存在の中に組み込まれたことの結果として、悪が生じた、と考える人たちがいるのですが、この人たちは、間違っているのです。そうではないのです。悪は、人間の霊的な特質によって生じるのです。ですからこう考えることが必要です。――一体、この物質世界の中で悪ではなく、善だけを実行するように人間に命じる叡智が、存在するのだろうか。もしも叡智がそんなことを命じるとしたら、人間は霊界において進歩していくための力を奪われてしまうのではないだろうか。

私たちは、物質界と霊界とに同時に属しています。そして私たちの場合、不完全さに向うのではなく、完全さに向うことが霊的な法則なのです。だからこそ、私たちは振り子のような状態におかれているのです。私たちは一方にも、もう一方にも振れることができます。なぜなら私たちは霊的な働きを物質界の中へ持ち込むことで、物質界の中で悪を実現することのできる霊的存在なのですから。

かつて人間よりももっと高次の段階にあった別の霊的存在たちが、霊界だけに属しているべきだったものを物質界の中に持ち込み、そうすることで動物界に悪を実現させることができたのと、同じようにです。

悪の起源をこういう仕方で語ることはたぶん多くの人には通用しないだろうと思いますが、今後ますます人の心に訴えていけるようになると信じています。実際、世界の諸問題を追求していくと、必ずこの世の現実の根底に霊的な現実を考えざるをえなくなるのです。人間は感覚世界をより完全なものにしていくことができるでしょうが、不完全な部分、悪の部分を改善していくためには、どこまでがこの世の問題なのかをはっきりさせなければならないのです。物質世界での悪は、本来、場違いな何かなのです。人間が物質世界で不正な手段を行使して、この物質世界に悪を生じさせる諸行為は、霊界でなされたなら、その人間を前進させてくれたでしょう。

もし誰かが今言いましたことを非難し、お前は、悪党だけが霊界の中で進歩していける、と主張するのか、と言うとしたら、もちろんそんな主張はまったくナンセンスです。そんなことを言おうとしているのではありません。そもそも或る特質が悪であるのは、その特質がこの世の世界で適用されるかぎりにおいてなのです。それが霊界で適用されるときには、ただちに変容を遂げるのです。

こういう非難をする人は、お前は時計をこわす力があるのはいいことだ、と主張している、といって非難するようなものなのです。そういう力があるというのは、悪いことではない筈です。でもそういう力があるからといって、時計をこわす必要はありません。その力を人びとの幸せのために使うなら、よい力になります。力は悪いことに使うときにおいてのみ、悪い力なのです。正しい場所で正しく使えば、よい力になるのです。

人は何によって悪になるのでしょうか。自分を進歩させるために与えられている力を不正な場所で行使することによってです。何によってこの世に悪があるのでしょうか。自分に与えられている力を、この力にふさわしい場所で行使しないことによってです。——このように考えるなら、人生の深い秘密に触れるに違いありません。

ペシミズムと悪——マインレンダー

現代を生きる人の魂の奥底には、霊界への傾向が、まるで手にとれるくらいにはっきりと存在しています。一九世紀からこんにちにいたるまでの時代に真剣なまなざしを向けるなら、このことが分かる筈です。一九世紀の哲学者の中には、ペシミズム（厭世主義）を代表する人たちがいます。この世に存在する悪に眼を向け、この世は人間を終末に向わせることしか望んでいない、と——それぞれがそれぞれの仕方で——結論づけるような世界観をもった人たちです。

その代表は、ショーペンハウアーやエドゥアルト・フォン・ハルトマンです。この人たちは、人間の救済は、個人的な満足を肯定するような目標にあるのではなく、世界過程の中に同化することでしかない、という立場に立っていました。しかし私がここで申し上げたいのは、現代人の魂は、唯物主義にとらわれており、世の中の悪についてまったくお手あげの状態におかれているということなのです。唯物主義は霊界の存在を否定しますけれども、悪の存在に意味を与えることができるのは、霊界から射してくる光だけなのです。もしも霊界の存在が否定されてしまったら、悪の問題は目的なしに、慰めをどこにも見出せずに、私たちの前に硬直して立ちはだかるだけでしょう。

今日はニーチェのことには触れずにおきます。その代り一九世紀の別の思想家のことを考えたいのです。この人は悲劇的な思想家でした。というのは、或る時代に生まれついた人は、どうしようもなく、その時代と共に生きなければならないからです。私たちはみんな、自分の本質を時代の本質と結びつけなければならないのです。

ですから最近のことですが、心を開いて周囲の出来事を受けとるような思想家たちが、外的な現象の中だけに世界経過の意味を見ようとする、あの厭世思想から深刻な影響を受けてしまうのは、当然のことかもしれません。

しかしそういう思想家たちは、慰めのないままに人生を送ること、この世界経過の中に悪を認めることですませることができませんでした。そうかといって、悪を正当化してくれる霊界に眼を向けることもできませんでした。

みずからは唯物主義者にならなかったにも拘らず、そういう唯物主義の悲劇性を身をもって体験した思想家のひとりは、フィリップ・マインレンダー（一八四一～七六年）でした。彼の思想を表面的に受けとる人は、彼をショーペンハウアーの後継者に数え入れるかもしれません。マインレンダーは独自の世界観を構築する深い思索のできる人でしたけれども、時代の子として、世界が提供する物質の世界にしか眼を向けることができませんでした。

さて、いかなる誤解もあってはなりませんが、唯物主義はまさに時代のもっともすぐれた魂を途方もなく強力な力でとりこにしたのです。時代精神が提示するものに無関心な人なら、自己主義者のままに好みに合った宗教信条に従って生きていけたでしょう。「もっとも宗教的な」人たちは、しばしばこの点でもっとも利己的な人たちなのです。そういう人たちは自分の慣れ親しんだ事柄を超えて先へ進むことを拒否します。自分のよく知っていることでないと、関心を示そうとはしません。数限りない人たちの悲劇のことに触れますと、いつでも同じ答えが返ってくるのです。「昔からのキリスト教の方が君たちの神秘学よりも、よっぽど魂の要求に応えてくれているのではないだろうか」――こういう言い方をする人は、時代と共に生きることを好みません。だから人びとの魂の要求に応えるために文化の進化に関わろうとするすべてに対して、不寛容な態度でのぞむのです。

フィリップ・マインレンダーは、私たちの時代が唯物主義の立場から発信する物質科学に関心を向け続けましたから、当然ながら悪に充ちた世界と悪に染まった人たちしか見出すことができませんでした。けれども近代のこの世界観の抑圧が非常に強くて、魂が霊界を仰ぎ見ることを妨げても、その立場を拒否することができませんでした。

ここではっきり申し上げますと、こんにちどうしてこんなに少数の人しか神秘学に関心を示さないのかといえば、それは唯物主義の先入見が、もっと上品な言い方をすれば、一元論の抑圧が非常に強力で、人びとの魂の周りを闇で包み、霊界へ向うことを不可能にしているからなのです。魂が自主的、能動的であり続け、唯物主義の先入見によって盲目にされることもなかったなら、神秘学の内容にもっと親しみを感じるに違いありません。しかし唯物主義の抑圧は小さくありません。私たちの時代になってはじめて、神秘学はやっと人前に立てるようになったのです。やっと神秘学の言葉が心の中に反響を呼び起こすまでに、人びとの魂の憧れが強くなってきたのです。一九世紀の六〇年代の頃には、そのような反響はまだ現れませんでした。まだ唯物主義の影響が強くて、フィリップ・マインレンダーのように熱心に霊性を志向する魂も、その影響から自由になれませんでした。ですから彼は、現代の世界の中には霊は見つからない、という独特な立場に到りました。

一九世紀の間、マインレンダーは同時代人に大きな影響を及ぼすことができませんでした。一九世紀は物質上偉大な進歩をなしとげたにも拘らず、その時代思想は表面的だったのです。しかしマインレンダーは一九世紀の人の魂が感じるべきことを、孤立無援の中で、感じとっていました。周囲の人たちが、過激な唯物主義的、一元論的な世界観にもついていけず、いわば霊的に無気力な状態に留まっていた中で、マインレンダーは賢者であり続けました。彼の浩瀚《こうかん》な『救済の哲学』（一八七六年）に眼を通さなくても、マクス・ザイリングの好著『新しいメシア』（一八八八年）を読むだけでも、今述べたことを感じとっていただけると思います。

フィリップ・マインレンダーは唯物思想の重圧の下に、感覚と悟性の示すものしか認めることができませんでしたが、霊界の存在をどこかで信じていました。それにも拘らず、その霊界はどこにも見当りません。感覚的、物質的世界はそれ自身でみずからの本質を明らかにしなければならない、と彼は考えていました。そこで彼は次のような見解に達したのです――われわれの世界には、霊界が先行していた。かつて神霊が存在していた。われわれの魂は、かつては神霊存在の中にあった。神的な生命存在が私たちの中に生きていた。私たちの世界が今のような在り方をしているのは、この霊界が私たちの前で死滅してしまう以前に、すでに神が死んでいたからだ。

このようにマインレンダーは、霊界の存在を認めていたのですが、私たちの世界の中にではないのです。この世の世界の中には、悪を背負った死体だけを見ていました。その死体が今存在しているのは、無に帰るためなのです。神とその霊界を死滅させたものが、最後になおその死体(であるこの世)を無に帰らせるためなのです。

一元論者その他の思想家は、こういう考え方をまじめには受けとらないでしょう。しかし人間の魂の働きに習熟している人、世界観が魂の内なる運命になり、魂全体が世界観の色合いを帯びうるのを知っている人なら、マインレンダーの深い思いを真剣に受けとることができる筈です。マインレンダーは霊界を太古の時代に移さざるをえなかったのです。そして現在のこの世界の中には、物質だけが残っている霊界の死体だけを認めたのです。

この世の悪と決着をつけるために、マインレンダーは、こういう世界観に行きついたのです。彼がショーペンハウアーやニーチェよりも、バーンゼンやエドゥアルト・フォン・ハルトマンよりも、もっとそれ以上に自分の世界観に深く没頭していたことは、彼が『救済の哲学』を書き終えた三五歳の時点で、次のような思いに到ったことからも、知ることができます。彼は自分に対してこう思ったのです。——「お前はこれからは、人体を失った状態でお前の力を用いることになる。お前が、人生の半ば以後もなおお前の身体を用いるときよりも、もっと速やかに、人類の救済のために役立つことができるために。」

マインレンダーが自分の世界観とどれほど真剣に取り組んでいたか、そのことは彼が自殺によって、しかも確信犯的な自殺によって生涯を終えたことの中に現れています。彼は最後にこう思ったのです——。「お前は今、お前の力を世の中に流し込む。お前の身体のためには使わない。」こう思うことで、彼は本当に、ショーペンハウアーも他の思想家も出せなかった結論と信念を引き出したのです。

哲学者、思想家たちがこういう人物の運命について何を思おうとも、こういう人物の運命は、私たちの時代にとって限りなく重要な意味をもっているのです。なぜなら本当に自分の本質に深く入っていくことのできる魂なら、私たちの時代にふたたび甦ってくるマインレンダーの思いに憧れをもたずにはいられない筈なのですから。私たちがこの世の悪の問題と向き合って生きているとき、霊の光が悪の意味を照らし出すさまをまだ見てとることができずにいるのですから。

現代人の魂が、一定の間、唯物主義の立場に立って働くことは必要なことでした。未来の人もまだ、霊的な生活を「心理学的、生物学的」な観点の下に、つまり霊ではなく、魂の観点の下に、置き続けるでしょう。そして、霊的なものを括弧に入れて、物質による模像だけを人間の本質として取り上げるでしょう。

ある種の動物たちは、長い間餓え続けることができます。そして実際に長い間餓え続けていきます。例えばおたまじゃくしは、長いことえさを与えずにおきますと、いそいで蛙に変わることができます。同じようなことは、魚の場合にも見られます。生きるために、例えば養分摂取の働きをやめて、生きのびるのです。

これは人間の魂にも適用できるイメージです。人間の魂は何百年もの間、「人間認識の限界」について聞かされてきました。こんにち霊的な思想家と目されている多くの人たちでさえ、唯物主義的な表象の中で思考していました。ただ気はずかしさのあまり、自分たちを唯物論者と呼ばず、一元論者と呼んでいます。哲学者たちは、「人間の認識は、まさにもっとも大きな謎を前にしたとき、立ちどまることしかできない」という根本命題を当然のこととして受け容れていました。こういう思考習慣を身につけるには、かなりの年月が必要でした。人びとは長い間、精神の飢餓の中に身をおかなければなりませんでした。その時期に近代の唯物主義が現れたのです。

しかしそれによって魂の奥にしまい込まれた力は、今や心理学的、生物学的な法則に従って、霊界への道を求めるように魂を促すでしょう。そういうときの人間の探求心は、マインレンダーの場合のように、霊界を物質界の中に見出すことができず、唯物主義に取り込まれてしまっていても、いつかは自分の魂の中に未来をきっと見つけ出すでしょう。外の世界の中に過去を見ることができるようにです。実際、マインレンダーは、或る意味では正しかったのです。彼は私たちの世界環境は、かつての発展期の名残りでしかない、と考えていました。こんにちの地質学者たちも、私たちが大地の上を歩むとき、かつての発展しつつあったときの大地の死骸の上を歩いているのに等しい、と認めています。

しかしマインレンダーは、私たちが過去の残骸の上を歩いているとき、同時に私たちの内部で未来のための萌芽が成長しはじめていることに気づけませんでした。私たちがそのことに気づくことができるなら、マインレンダーがまだ見てとることのできなかった霊性を、私たち自身の中に見出すことができるでしょう。

私たちは二つの時代の境目に立っているのです。唯物主義の時代と霊性の時代の境目にです。私たちは、自分の魂を正しく理解するなら、未来の霊的な時代に向って生きていかなければなりません。でも私たちは、そのことを、まだ悪を考察するときのようにポピュラーな仕方では、論じることができずにいます。しかし、いろいろな機会に申し上げたことですが、こういう考察をするとき、私たちはあらゆる時代のすぐれた精神たちと、思いをひとつにすることができるのです。そういう精神たちはみんな、人間が将来ますます明るい意識で生きていけるように熱望していました。

そのような精神のひとり、ゲーテは『ファウスト』の中で、人間はどんなに霊性から離れてしまうことができるか、述べています。人間が霊界から離れてしまうことを、見事な言葉で述べているのです。

生きたものを認識し、記述しようとする人は、
まず霊の働きを追い出そうとする。
だから部分は手に入れるが、
情けないことに、霊的なきずなが欠けている。
（『ファウスト』第一部「書斎」より）

世界のどんな認識にも通じる言葉ですね。何世紀もの間、部分だけに捧げるのが人間の運命でした。でも霊的なきずなに欠けていることを、これからはますます、理論上の欠乏としてではなく、魂の悲劇として感じるようになるでしょう。

霊界への憧れを、霊の探求者であれば、どんな人の魂の中にも認めようと努めなければなりません。たとえ大抵の人はそのことを自覚していないとしてもです。悪の本性に光を当てるなら、

ゲーテのこの言葉を多分さらに次のように敷衍することができるでしょう。ゲーテがいおうとしたのは、世界観を求める人が、部分によりかかるだけでなく、まず第一に霊的なきずなを求めなければならない、ということだった、と。しかし悪の謎のような重要な人生問題に対するときには、神秘学の立場から、自分の確信を、こう語ることができるのです――

感覚の光の中に留まるかぎり
魂の謎は解明できない。
人生の秘密を知ろうとするなら
霊の高みへ向って努力しなければならない。

（『ファウスト』第一部「書斎」より）

（ベルリン　一九一四年一月一五日）

II

破壊のかまど

普段、私たちは、感覚を通して周囲に環境世界を知覚し、その感覚印象を知性と結びつけて、その結果を自分の内面で体験しています。ですから基本的に、内面で体験している世界は、自分が外に見た世界であり、外への行動にきっかけを与える世界なのです。外から受けとった感覚印象、その感覚印象から作り出した周囲の環境世界の表象、その表象に由来する内面の感情や意志の働き、さらにその働きの蓄積である記憶、それらが現代を生きる私たちの日常生活の内容であり、そして私たちの内面生活の内容なのです。

「内面の中には何があるのか」、「自己認識によって自分の内面の何が分かるのか」、現代の人びとは、こう問いますが、その結果、曖昧模糊とした内的感情にふけるのがせいぜいです。

現代の私たちは、問題を通常の意識の中で解決しようとします。しかし、通常の意識から取り出せるのは、もともと外的な感覚印象から生じたものや、それを感情と意志に転化したものばかりです。通常の意識をもって内面を見ると、外的な生活の反映しか見出せないのです。

ところが、外的な印象は、私たちの内面においては、感情と意志に変化させられているので、神秘主義への傾向をもっている人は、自分の内面の中に、外界の鏡像を見ないで、変化した感情と意志を神からの崇高なメッセージとして体験しようとしています。けれども現代の私たちの通常の自己認識は、変化した外界の反映にすぎません。外界が私たちの内面にある意識の鏡に映し出されているだけなのです。

私たちが本当に自分の内面を見ようとするのなら、この内なる意識の鏡を破らなければならないのです。

私たちの内面は、本当に鏡のようになっています。図1を見て下さい。ここが外界です。ここに外的な感覚印象があります。それに表象が結びつきます。表象は内部の鏡に映し出されています。その場合、内面を見るとは、内面のこの鏡（図の「赤」の部分）を見ることなのです。私たちは記憶の鏡に映し出されているものを見ているのです（図の「赤」の矢印）。鏡を破らなければ鏡の背後が見えないように、人間の内面も、内面の鏡を破らなければ、その背後を見ることができないのです。

では一体、人間の内面の鏡の奥には何が見えるのでしょうか。

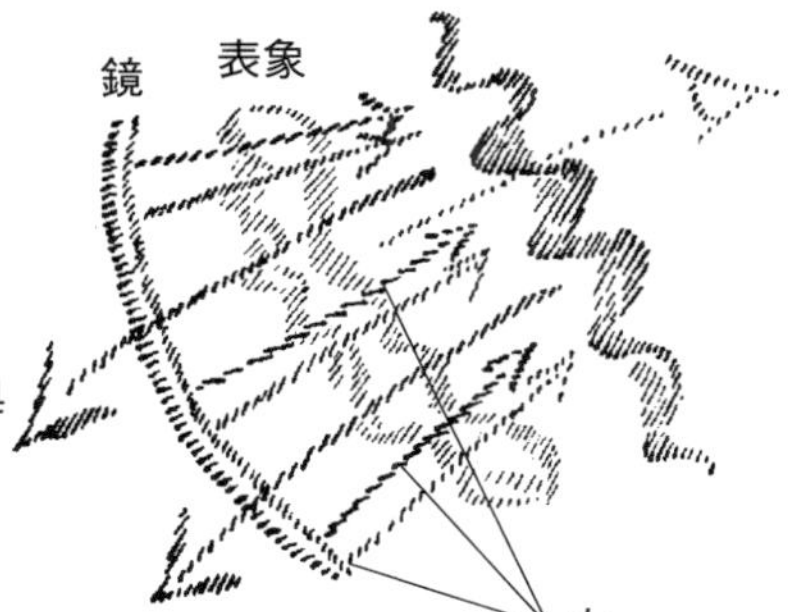

図1

そこでは、思考内容がエーテル体の中で働いている姿が見えるのですが、そのエーテル体は、途方もないエネルギーをもって働いています。

例えば私たちが明るい日ざしを受けた部屋に入ると、明るさが私たちの内面に光を投げかけ、そこで記憶となって残ります。けれどもそれだけではなく、記憶の鏡を通りぬけて、養分を摂取したり、成長を促したりするエーテル体に働きかけ、さらに肉体にも働きかけるのです。記憶内容、思考内容の力が、エーテル体にまで浸透しますと、この力に浸透されたエーテル体は、特別のやり方で肉体に働きかけ、肉体の中の物質成分に大きな変化を生じさせているのです。

物質は、外界では決して完全に破壊されることがありません。ですから近代の哲学も自然科学も、質量保存の法則について語るのです。しかし質量保存の法則は、外界においてしか有効ではありません。物質は、人間の内面においては、完全に無の中に戻されてしまい、物質の本質が完全に破壊されてしまうのです。人間のエーテル体は、記憶が映し出されるところよりも内面のもっと深いところで、物質をカオスに帰し、物質を完全に破壊することができるのです。

内面の、記憶の鏡の奥のところに、私たちはエーテル体の途方もない破壊力を担っています。もしもこの力を担っていなかったなら、私たちは思考力を発達させることができなかったでしょう。思考力は、エーテル体のこの破壊力と結びつかなければ、発達できないのです。そして、思考の力と結びついたエーテル体は、肉体に作用を及ぼし、肉体の物質素材をカオス化し、破壊するのです。

何かを思い出そうとするときと同じ態度で、内面に深く沈潜していくと、存在するものを破壊し、消し去ろうとする力の働いている領分に到ります。私たちは誰でも、まさに思考する自我を発達させるために、物質を破壊し、融解しようとする猛火を記憶の鏡の奥に担っているのです。そして、この人間の内なる事実を真剣に顧慮しないような自己認識など存在しないのです。

＊

人間の内面のこの「破壊のかまど」に出会ったとき、私たちは精神の発達とは何なのか、あらためて考えざるをえません。精神があるべきように存在するためには、私たちの内面において、物質を破壊する行為が並行して行なわれなければならないのです。

これまで何年もかけて神秘学の研究を人びとに語ってきましたので、その上に立って、今私たちは、人間の内面に見出せる、この注目すべき事実について語ることができるのです。特に現代人は、このことに注意を向けなければなりません。なぜなら、このことが分からないと、西洋文明の中に生きている私たちが、自分のことを別のものであるかのように錯覚してしまいかねないからです。

西洋文明の中で生きている人は、自分の内部に破壊のかまどを担っているのです。そして私たちが破壊のかまどであることを自覚できたときはじめて、西洋文明の下降する力を、上昇する力に変えることができるのです。

私たちが神秘学によるこの内面への道を見出せなかったなら、どうなってしまうでしょうか。私たちはすでに今、時代の動きの中に、そのなりゆきの結果を見せられています。人間一人ひとりの内部で物質を混沌《カオス》に帰しているこの働きが、今、自覚されずに外に出てきて、社会生活をいとなむ人間の本能を破壊に駆り立てています。その結果が、西洋文明となって現れているのです。

このことは今、例えば東欧における破壊行為となって現れています。これは、内から外へ投げ出された破壊の発作なのです。未来の人間は、本能に移行したこの破壊衝動に対して、可能なかぎり意識的であろうとしなければなりません。そうすることによってしか、この破壊衝動に対処することはできないのです。人間の思考力を発達させるためになくてはならぬこの内なる破壊のかまどに、どうかできる限り意識的になって下さい。この意識は、今の時代の自己認識にとって、本当に必要とされる意識なのです。

　人間の内面生活において、思考に貫かれたエーテル体は、肉体に対して破壊的に働きかけているのですが、西洋の現代人は、この破壊のかまどを外に持ち出しているのです。このことを正しく認識し、その認識を大切にして下さい。このことを意識しないでいる人が内面にこのかまどをもっているのは、よくありません。大切なのは、この破壊のかまどが自分の中にあることをよく意識した上で、近代文明の発展に関わっていくことなのです。

　古代における秘儀の場で、弟子たちがこの秘密を聞かされたとき、彼らは恐怖に陥りました。曖昧な神秘主義的感情にふけるのではなく、誠実な態度で自分の内面を見つめたとき、どうしても恐怖に陥らざるをえなかったのです。そしてこの恐怖を十分に知ったことで、弟子たちはそれを克服することができたのです。

　しかし近世になり、主知主義の時代が到来したとき、この恐怖は意識されなくなり、無意識の中で存在し続けました。その結果、恐怖はあらゆる種類の仮面をかぶって、外的生活の中に作用を及ぼしはじめたのです。

ですから、内面を見つめることは、私たちの現代の生活にとって、非常に大切なことなのです。「汝自身を知れ！」は、必要な命題になったのです。古代秘儀の弟子たちは、恐怖を呼び起こすことによって、そしてその恐怖を克服することによって、正しい自己認識に向うことができました。主知的な時代の人間は、内面を見る眼を曇らせてしまいましたので、恐怖を克服できなくなりました。

現代になると、この無意識の恐怖の下に生きながら、「人間の中には、生死を超えて存在するものなど、何もない」、と言いはりました。今でもそう言い続けています。

生まれてから死ぬまでの生活を支配している法則に従うだけでなく、もっと深く、内面に眼を向けるのは、現代人にとって、とてもおそろしいことなのです。人間の魂の永遠の部分と出会うことが恐いので、その恐怖のあまり、「生まれてから死ぬまでの人生以外には何もない」、と主張し続けるのです。

近代の唯物思想は、この恐怖から生じたのですが、みずからはそのことをまったく意識していません。しかし、近代の唯物的世界観が、恐怖と不安の産物であることを忘れないで下さい。

＊

通常の意識に留まるかぎり、私たちの達しうる内面世界は、外界の印象を記憶として保持するところまでです。私たちは外界について、感覚により、知性により、そもそも魂の働きかけにより、さまざまな体験をし、あとになって、あらためて記憶の中から、その体験内容の残像を意識の表面に取り上げ、その体験内容の残像を、自分の内面生活であると思っています。その在りようは、まるで、私たちの中に鏡があるかのようなのです。

ただこの鏡は、通常の空間上の鏡とは別の働きをしています。通常の空間上の鏡は、前にあるものを映し返します。私たちが内部に担っている生きた鏡は、別の仕方で映し返すのです。つまり、受けとった感覚印象を、時の経過の中で、あれこれのきっかけによって、ふたたび私たちの意識の中に映し出すのです。その結果、体験したことを思い出すのです。

空間上の鏡をこわすと、鏡のうしろが見えます。こわす前には見えなかった部分が、見えるようになります。それと同じような意味で、内的な修行をすると、すでに何度もお話ししたように、内なる鏡が破られます。記憶が短い間——それは私たちの望み次第ですが——途切れ、そして私たちは自分の内面に深く入っていくのです。そのようにして内面に深く沈潜し、記憶の鏡の背後に眼を向けますと、破壊のかまどが見えてきます。

私たちの内面には、破壊のかまどがなければなりません。なぜなら、人間の自我は、このかまどの中でなければ、鍛えられないのですから。このかまどは、自己を強固にするためのかまどでもあるのです。

しかし、強固にされた自我が、外の社会生活の中にこのかまどを持ち込みますと、社会生活の中に悪が生じます。

このことからも分かるように、人生は非常に複雑な在り方をしているのです。人間の内面にあっては、自我を鍛える、という善い使命を果たしているものは、外へ持ち出されてはならないものなのです。悪い人というのはそれを外へ持ち出す人のことであり、善い人というのはそれを自分の中に留めておく人のことです。外へ持ち出されると、犯罪になり、悪になりますが、内面に保持していれば、自我を強固にするために、なくてはならないものになるのです。

世の中のどんなものも、正しい場所におかれたなら、恵まれた、善い在り方を示します。そうすることができないようなものは、何ひとつありません。このかまども、もしもそれが内面の中になかったなら、私たちを無思慮な存在にしてしまうでしょう。しかしこのかまどは、外の世界では決して体験できないことを、私たちに体験させてくれるのです。外界では、事物が物質として現れています。私たちが外界で見るものは、すべて物質です。ですから今の科学は、その思考習慣に従って、質量の恒存を、エネルギーの変換を語ります。

しかし、破壊のかまどの中では、物質が本当に消滅してしまい、無の中に投げこまれます。しかしそのとき、私たちは、この無の中に、善なるものを生じさせるために、自己中心的な本能や衝動の代わりに、魂の道徳的な働きによって道徳理想をこの破壊のかまどの中に注ぎ込まなければならないのです。

それができたとき、私たちの内面に新しい事態が生じます。まさにこの破壊のかまどの中に、未来の世界のための萌芽が現れるのです。私たちはそのとき、生成する世界に関与するのです。

私は『神秘学概論』の中で、私たちの地球が、さまざまな状態に変化しつつ、ついにいつかは破滅に向うであろう、そして新しい宇宙紀である木星紀に達するであろう、と述べました。木星紀になったら、道徳理想の中から新たに芽生えてきたものが、各人の内面にある破壊のかまどの中で十分に成熟していることでしょう。しかしそのときには、もちろん、背徳的な衝動の中から現れた新しい芽生えも成熟して現れます。ですから、木星紀は、地球紀の人間が自分の内なるカオスの中に自分の道徳理想を持ち込むことによって生じさせた善と、自己中心的な働きによって生じさせた悪との間の激しい戦いの場でもあるのです。

新しい学問は、以上に述べた内的真実の上にしっかりと立たなければなりません。これまでの学問は、人間の内面の中に自然法則しか見ようとしませんでしたが、破壊のかまどの中でこそ、自然法則と道徳法則とがひとつに結びつくのです。私たちの内面で、物質が、つまり自然法則が消滅させられ、物質のすべてがカオスに帰します。そうするとそのカオスから新しい自然が立ち現れるのです。私たちが内面に注ぎ込んだ道徳衝動が、この新しい自然となって生きはじめるのです。

すでに述べたように、破壊のかまどは、記憶の鏡の背後にあります。ですから記憶の鏡の背後にまで眼を注ぐと、人間の内面生活の本来のいとなみが見えてきます。

しかし、単なる自己認識だけによっては、人間を変化させることができません。自分がどのような存在であるのか、いつもどのようであるのかを認識するだけでは、せいぜい、自分の現在の内面が見えてくるだけです。

大切なのは、人間の内面の悪の中に身をおくことです。破壊のかまどの中で物質が破壊され、物質がカオスに帰せられるとき、そしてこの内面の破壊衝動の中に身をおくとき、私たち自身の中で、霊的な存在が芽を出し、育ちはじめるのです。

そのとき私たちは、自分自身の中に創造する霊の存在を認めます。物質がカオスに帰したとき、そして道徳法則が物質に働きかけたとき、私たちの内面で、自然に、霊の働きが生じるのです。そのとき私たちは、自分の内面の中に霊の働きを認めて、今はどんなに人間に絶望しなければならないとしても、この働きこそが、未来の世界の萌芽なのだと、実感できるようになるでしょう。

この未来の萌芽は、現在の私たちの内面の何と較べることができるでしょうか。私たちの感覚的知覚の世界とも、私たちの思考、感情、意志とも較べられません。誰かが私たちに語りかけるときの、その語りかけと較べられるだけです。未来の萌芽は、私たちの内面世界で、道徳的、反道徳的な衝動が、破壊のかまどの中のカオスと結びつくとき、私たちに語りかけてくるのです。

善も悪も互いに結びついて、私たちの内面で私たちに語りかけてくるのです。

その結びつきは決してアレゴリーやシンボルを語っているのではなく、事実を直接語っているのです。同じ事実を語るにしても、耳を通して外から聴こえてくるのは、地上世界のための弱められた言葉ですが、私たちの内面では、地上を超えた言語で語りかけてくるのです。それは、未来の世界の萌芽が語る言葉なのです。

それは、「内的言語」とでもいうべき言語です。もちろん、隣人たちと語り合うときの「弱められた言葉」では、聴くことと語ることとが、はっきり分けられています。記憶の鏡の背後の内なるカオスに沈潜するときの語らいは、聴くことと話すこととがひとつになっています。

その場合、主観と客観の区別はもはや意味をもたないのです。日常生活の中で、誰かが語り、私たちがそれを聴くとき、この誰かは私たちの外にいます。しかしその場合にも、私たちの語る言葉は、自分のことだけでなく、社会のこと、世界のことにも触れているのですから、他人との会話の中で使われる言葉の場合にも、かならずしも主観と客観を区別する必要はありません。私たちの主観が客観の中にあり、私たちが知覚するとき、客観が私たちの中で、私たちと共にいるのですから。

その意味では、内なる言葉に沈潜するときも、同様です。内なる言葉は、同時に客観的な言葉です。私たちの内面が語っているのではなく、私たちの内面の舞台の上で、世界が語っているのです。

（ドルナハ　一九二一年九月二三日、二四日）

悪の秘儀

一五世紀以降の「悪の秘儀」について語るときには、現在許されている一定の制限内においてでさえ、心が深くゆさぶられます。それは私たちの時代である一五世紀以降という「意識魂の時代」のもっとも深い秘密に触れることなのだからです。

このことについて語るときには、今日の人間の理解能力を逆なですることになるでしょう。現代人はこの点、まだ感受性を発達させていないのです。けれどもここで、どうしても「悪の秘儀」とそれに関連のある「死の秘儀」に触れないわけにはいきません。悪と死については、近代におけるすべてのいわゆる「秘密結社」が繰り返して、比喩的な仕方で、取り上げてきました。

とはいえ、例えばフリーメーソン結社においても、この「秘儀」という比喩的な表現は、特に一九世紀の七〇年代以降、あまり真剣に受けとめられなくなってしまいました。受けとめたとしても、ほぼ二年前に、現代史に関して私がこの場所で述べたような仕方でしか受けとめられなくなってしまったのです〔一九一六年一〇月に行われた連続講義『ゲーテと一九世紀の危機』、特に一〇月一五日の講義のこと〕。

二年前のときにも、私は深刻な問題意識につき動かされてお話ししました。実際、こういう事柄に通じている人なら、それが人間本性の根底に触れるものである、と分かっている筈なのですが、現代ではこういう事柄を理解しようとする意志があまりにも失われてしまっているのです。しかし理解しようとする意志は必ず生じるでしょうし、生じなければなりません。私たちは可能に思われるすべての道のうえで、この意志を生じさせるように努力しなければなりません。

こう語ると、現代を批判しようとしているかのように思われてしまいます。昨日も述べたように、特に一九世紀七〇年代以降の、しかしもっと遙か以前からの、市民社会の考え方を取り上げますと、皮相な見方をすれば、一種の世相批判に終始しているようにしか思えないでしょう。しかしここで問題にしているのは、批判ではなく、どんな作用と衝動がそこに働いているのかを見極めることなのです。

一定の観点からすれば、そういう衝動も、必然的な働きであると言えます。市民社会の人びとが一九世紀の四〇年代から七〇年代の終わりまで、眠り込んでいたのも、必然的なことだった、と言うことができます。世界史上の必然だったと言えます。しかし別の観点に立てば、この眠り、この文化の眠りをふまえて、それを積極的に生かすこともできるのです。そして現在、それによって私たちの認識衝動・意志衝動を呼び起こし、そしてこの事実を未来へ向けて役立てることができます。

先に触れたように、一定の制限内でしか述べることができませんが、この二つの秘儀は、一五世紀以降の意識魂時代の人類の進化にとって、特別の意味をもっています。死の秘儀と悪の秘儀の二つは、現代においては、互いに関連しています。先ず死の秘儀に関して言えば、それは重要な問いを提示しています。――「人類の進化にとって、死とは何を意味するのか。」

すでに述べたように、現代の科学は、死に対してあまりにも安易な態度をとっています。大抵の科学者にとって、死とは生の終わりにすぎません。植物、動物、人間にとっての死を、そのような観点から捉えています。

霊学は、すべてを一律に扱ったりはしません。懐中時計の終わりも死であるなどとは言いません。人間の死は、他の存在のいわゆる「死」とはまったく違っています。死という現象を理解するには、死を宇宙の作用力との関連の下に考察しなければなりません。この作用力が、人間に働きかけて、死をもたらすのです。もしも宇宙におけるこの作用力が働いていなかったら、人間が死ぬことはなかったでしょう。この作用力は宇宙の中で働き、そして人間は宇宙に属しています。ですからこの作用力は人間にも浸透して、死をもたらすのです。

そこで次のように考えてみて下さい。宇宙に働くこの作用力は、人間に死をもたらす以外にどんな働きをしているのか。

人間に死をもたらすこの作用力が、人間を死なせるために宇宙に存在している、と思ったら、まったくの間違いです。そうではなく、人間に死をもたらすのは、単なる副作用にすぎないのです。

鉄道機関車の仕事が少しずつ線路をこわすことだ、とは言えません。それにも拘わらず、少しずつ線路をこわしています。機関車は線路をこわすことしかできません。しかし機関車の仕事は、このことにあるのではありません。目的は別のところにあるのです。もしも、機関車とは線路をこわす仕事をする機械である、と説明する人がいたとしたら、もちろんナンセンスです。しかし線路が傷むのが機関車の存在と無関係でないことも、誰も否定できません。人間を死にいたらしめる宇宙の作用力が、人間を死にいたらしめるために存在している、と言う人は、それと同じようなナンセンスな説明をしているのです。宇宙の作用力が人間を死にいたらしめるのは、ひとつの副作用にすぎません。本来の仕事との関連で、このことが生じるのです。

それでは、人間を死にいたらしめる作用力の本来の仕事とは何なのでしょうか。それは、人間の意識魂の能力を完全に発達させることなのです。だからこそ、死の秘儀は第五後アトランティス期の発展と深い関わりがあるのです〔後アトランティス期の時代区分については『神秘学概論』ちくま学芸文庫版、二七八頁以下を参照〕。一般に、この第五後アトランティス期において死の秘儀が開示される、と考えることは、この時代を知るうえで重要なのです。私は意識魂ではなく、意識魂の能力と言いました。この能力を人類の進化の過程に組み入れるための働きが、その副作用として、人間に死をもたらすのです。

このことは、皆さんに死の秘儀を理解させるだけではなく、重要な問題を正確に思考するように促しています。現在の思考の働きは、多くの点でいいかげんなのです。このことは批判ではなく、性格づけです。実際、現在の思考は、特に通常の科学においては、ほとんど常に、「機関車は線路をだめにする仕事をしている」と述べるようなやり方をしています。今日の科学は、大抵の場合、このようなレベルで語っています。このレベルの思考は、人類にとって明るい未来をもたらすのには、何の助けにもなりません。明るい未来は、意識魂の時代には、完全に目的意識に目覚めた状態においてしか実現できないのです。

このことは、時代の深刻な真実なのです。人びとは霊学の助けなしにも、社会経済上の提言をすることができると思っていますから、一見深い根拠があるように見える社会思想が繰り返し語られています。けれども、霊学の基礎なしに、未来へ向けての社会の在り方について何事かを語ることはまやかしなのです。このことが分かっている人だけが、現代という時代にふさわしい考え方ができるのです。霊性に欠けている科学の立場に立って社会経済学を論じる大学教授の知性をいまだに信頼している人は、時代を眠って過ごしているのです。

この死の作用力は、私の『神秘学概論』に述べられているように、すでに以前から人間の身体組織に働きかけ、そして今初めて魂の中に働きかけるようになりました。人間は地球進化の今後のために、この死の作用力を自分の魂の中に受け容れなければなりません。そうすればこの力が、現代という時代の流れの中で、意識魂能力を完全に発揮させてくれるでしょう。

死の秘儀について、つまり宇宙の中に働く、人間に死をもたらす作用力について語ったのと同じ仕方で、「悪の作用力」についても語ることができます。悪の作用力もまた、人類の秩序の中に悪しき行為を生じさせるために存在しているのではありません。この場合も、副作用にすぎないのです。もしも宇宙の中に死の作用力が存在しなかったら、人は意識魂を発達させることができなかったでしょう。そしてその後の進化の過程で、霊我、生命霊、霊人の力に向き合うことができなかったでしょう。霊我、生命霊、霊人の力を受容するには、意識魂を発達させなければならず、そのためには、第五後アトランティス期に死の作用力を――三千年期の中葉までに――完全に自分の魂の中にこの作用力を受け容れなければならないのです。

しかし人は同じ仕方では、悪の作用力を自分の魂の中に受け容れることができません。人は宇宙の悪の作用力を、現代において死の作用力を受け容れるように、木星紀になってから初めて自分の魂の中に受け容れることができるようになります。ですから、現代において悪の作用力が人間に働きかけるのは、あまり集中した仕方ではなく、人間の魂の一部分だけに対してなのです。

悪のこの作用力の本質を洞察しようとするなら、その力の外的な結果に眼を向けるのではなく、自分の魂の中に悪の力を見出そうとしなければなりません。宇宙の中に働く悪の力が、人間の中にも働きかけている限りでの悪の力をです。人間の内部においてのみ、深く心を動かされずには語れないような悪の作用力が始まるのです。こうした事柄を本当にこの上もなく深刻な態度で受け容れるときにのみ、この作用力は始まります。悪を人間の中に求めようとするときには、人間社会の中での悪しき社会行為の中に求めるのではなく、人間の内なる悪への傾向、悪しき傾向の中にそれを求めなければなりません。どんな人の中にも多かれ少なかれ存在する悪への傾向の結果からは眼をそらして、眼を悪しき傾向そのものに向けなければなりません。そして、私たちの第五後アトランティス期の内部での悪しき傾向は、どんな人の場合に働くか、と問わなければなりません。この傾向が副作用を生じさせるとき、悪しき行為となって現れるのですが、一体どんな人の場合に悪しき傾向が働くのでしょうか。

この問いの答えを見出すためには、いわゆる「守護霊の境域」〔『いかにして超感覚的世界の認識を獲得するか』ちくま学芸文庫版、二二七頁以下参照〕の中で、人間の本質を本当に学びとろうとしなければなりません。そうすれば、この問いの答えが見出せます。そしてその答えとは、「第五後アトランティス期のすべての人の場合に、悪しき傾向、悪への傾向が無意識の中に存在している」、ということです。

第五後アトランティス期、つまり近世文化期に入るということは、自分の中に悪しき傾向を受け容れるということなのです。

第五後アトランティス期においては、どんな人も無意識の中で犯罪への傾向をもっているのです。霊界への境域の中で、人はこのことを経験します。あれこれの場合に、悪しき傾向が悪しき行為となって外に現れるか否かは、この傾向とはまったく別な事情によるのです。皆さん、現代の人びとに真実を語らなければいけないときには、安易な真実を語ることは許されないのです。だからこそ、更に次のような問いが生じます。――人間に悪しき傾向を呼び起こすこの作用力は、宇宙の中で、一体何をしようとしているのか。人間の本性に働きかけるこの作用力は何を欲しているのか。

この作用力は、宇宙の中で、人間社会に悪しき行為を生じさせるために存在しているのではありません。その力は、後で述べるような理由から、人間に悪しき行為を生じさせるのですが、死の作用力が人を死なせるために存在しているのではないように、この悪の作用力は、人間に犯罪行為を起こさせるために宇宙の中に存在しているわけではないのです。人が意識魂を発達させるべきときに、霊的生活を受け容れようとする傾向を人間の中に呼び起こすために、宇宙の中に存在しているのです。

宇宙の中には、この悪の作用力が働いています。人はそれを受け容れなければなりません。それを受け容れることで、霊的な生活を自分の意識魂で体験するための萌芽を、自分の中に移植するのです。

人間の社会秩序に反するこの作用力は、悪しき行為を呼び起こすために存在しているのではなく、意識魂の段階に立つ人間が霊的生活の中に入っていけるために存在しているのです。人が悪への傾向を受け容れなかったなら、意識魂で霊を宇宙から受けとろうとする衝動をもてなくなったでしょう。この霊の働きこそが、これからのすべての文化生活を実りあるものにするのです。

人間の悪しき行為という戯画となって現れるこの作用力から、今後何が生じるべきなのかを、一度よく考えてみて下さい。そして同時に悪しき傾向を促す力でもあるこの作用力の影響の下で、人類はどんな進化を遂げるのか、と問いかけてみて下さい。そうすれば、未来への最上の準備ができるのです。

いいですか。この問題を取り上げることは、人類の進化の根幹神経に触れることなのです。こういう事柄のすべては、同時に現代の人類社会の不幸と結びついています。なぜなら現代の人類社会に生じた不幸、これからも生じるであろう不幸は、人類に襲いかかってくる別の事柄の先触れである、遠い稲妻のようなものにすぎないのです。この稲妻は、今のところは、やがて来るべき事柄の正反対を示しているのです。

これらのすべては厭世主義へのきっかけではなく、力強い衝動への、目覚めへのきっかけなのです。これらすべての事柄は、厭世主義を生み出すためにではなく、目覚めを誘うために取り上げられるのです。具体的に生活上の事実から出発してみましょう。

いいですか、意識魂時代の人類のひとつの本質的な衝動は、人から人への関心が育つことでなければなりません。ある人が別の人に対して抱く関心は、ますます大きくならなければなりません。この関心は、今後の地球紀の進化のために大きくならなければならないのです。特に四つの分野で人への関心が高まらなければなりません。

第一に、未来へ向かって生きていく人は、常に別の眼で周囲の人を見なければなりません。現代人は、すでに意識魂時代の五分の一以上を経てきたにも拘わらず、第三千年紀に入るまでに身につけるべき態度で周囲の人を見るようにはまだなっていません。人びとは互いにまだ相手のもっとも重要な側面を見過ごしています。本来、相手をまともに見ていないのです。

この点で、さまざまな転生を通して芸術によって身につけた事柄をまだ十分生活に生かしているとは言えません。芸術の発達によって多くのことを学ぶことができます。私は方々で、芸術の発達から学ぶことに言及してきました。この連続講義で求められている徴候学研究を行うのなら、ほとんどすべての分野における芸術創造と芸術鑑賞とが現在は退廃に陥っている、ということを否定できません。芸術の分野では、まさにここ数十年の間にさまざまな試みがなされてきましたが、その試みのすべては、芸術そのものが衰退期にあることをはっきりと示しているのです。現代芸術が人類の未来に受け継がれるべきもっとも重要なことは、人びとが芸術体験によって、将来のためにどんな人間認識を示すことができるか、という一点なのです。

芸術は、もちろんジャンルによってさまざまな効果をあらわしますけれども、どんな芸術も、人間をより深く、より具体的に認識させてくれる何かを含んでいます。

例えば、絵画や彫刻の芸術形態に心を集中させる人、音楽や文学の内的なリズムに没頭する人は（現代では芸術家自身がしばしば、そうしようとしていませんが）、人間を形象として理解できるようになるのです。そして人間を形象として理解するのは、意識魂の時代においては、特別必要なことなのです。この形象的理解について、すでにお聞きになったでしょうか。人間の頭を形象として受けとる人は、過去へ心が向かいます。夢は外的な感覚生活の名残りを像として生じさせますが、現実生活を芸術的に見るときも、外的な感覚対象が霊的な像となって現れます。この像を通して、人間の霊的原像に到ることが可能なのです。そして未来には、他の人を霊視できるようにさえなるでしょう。頭部の形態や歩行の仕方が、現在とは別の仕方、別の関わり方で、見られなければなりません。

人間を像として把握するときには、人間の自我の在り方を知ることができます。ですから、肉眼で見た人間と真の霊的＝超感覚的な人間との関係が画布に描かれた人体形姿と現実の人体との関係のように感じられなければなりません。

この基本感情を育成しなければなりません。人体の中に骨や筋肉や血液などなどの集まりを感じとるだけではなく、人体が永遠なる霊的＝超感覚的な存在の像である、と感じとれなければなりません。人間が傍らを通るとき、その姿の中に永遠なる超感覚的＝霊的な人間を見ようとするのでなければ、その人間を認識したことにはなりません。

未来の人間は、相手をそのように見ることができるようになるでしょう。

人間の形態と運動を永遠なるものの像と見なすとき、その像は、それを見る人を熱くしたり、冷たくしたりします。見る人を内なる熱や内なる冷たさで充たします。そうなったとき、ある人から熱いものを、別の人からは冷たいものを受けとりながら、この世を生きていくでしょう。一番いけないのは、熱くも冷たくもならないことです。内なる体験は、熱エーテルの体験にならなければなりません。熱エーテルは、人びとのエーテル体の中に働きかけます。熱エーテルは人から人へ伝わっていきます。それは高められた関心によって生じるのです。

第二に、こういう問題に疎遠な現代人の場合には、矛盾した感情が呼び起こされるに違いありませんが、しかし多分、このときの反感から、それほど遠くない時期に、正しい事柄への共感が生じることでしょう。人間がこれまでとはまったく違った仕方で理解できるようになるでしょう。特に第五後アトランティス期が終わるまでの二千年間にそれが可能になるでしょう。もちろん二千年では十分とは言えません。もっと長く続き、第六後アトランティス期にまで及ぶでしょう。

しかし私が述べた自我認識のためには、もうひとつの別の能力を身につける必要があります。すなわち、人間の中に、第三ヒエラルキアの天使、大天使、人格霊との関係を感じとる能力をです。そしてその能力は、人びとがこれまでとは違った仕方で言語に向き合うことによって、次第に発達していくのです。

言語はすでにその最盛期を通り過ぎました。この秋に行った連続講義『人間生成の科学――言語成立に際する宇宙理性の働き』からも、このことを知ることができたと思います。言語の発展期は、すでに過ぎ、言語が抽象的になっています。そしてその結果、今日では、この上ない虚偽の波が、全人類を覆っています。人びとは、民族言語の働きによってでは人を知ることができなくなったのです。言語からでは人間の本質が見えなくなってしまったのです。

この点を理解するために、これまでもいろいろな機会に同じ例を挙げて説明してきました。最近もチューリヒでの公開講演の中で、このことに触れました。この問題を公開の席でも論じる必要があると思ったからですが（『人智学が人生に贈るもの』第八講「民族魂とゴルゴタの秘儀」参照）、一九世紀のドイツ＝中欧的な教養を身につけたヘルマン・グリムの歴史方法論とウッドロー・ウィルソンのそれとを比較すると、本当に驚かされるのです。私は注意深く比較してみたのですが、私たちがウッドロー・ウィルソンのエッセーからある部分を取り出して、それをヘルマン・グリムのエッセーに挿入したとしても、十分に通用することに気がつきました。両者の言い分は、文章だけを取り出してみると、ほとんど同じなのです。同じように、ヘルマン・グリムの歴史方法論をウッドロー・ウィルソンの歴史方法論の中に組み入れることも十分に可能なのです。しかし、それにも拘わらず、両者の間には、大きな隔たりがあるのです。

両者のエッセーを読むと、この違いが分かりますが、それは内容の違いなのではありません。内容そのものは、それを言葉通りに受けとめるときには、未来へ向かう人類にとってますます重要ではなくなっています。大切なのは、次のことなのです。ヘルマン・グリムの場合、すべては、私たちが同意できないような部分でさえも、直接彼自身が苦労して獲得したものです。どの命題も、どの段落も、そうなのです。ウッドロー・ウィルソンの場合、彼の無意識の中に住む魔的なものが意識の中へ浮かび上がってくるかのようなのです。前者では、思想が直接意識の表面で生み出されました。後者では無意識の中から魔的なものが意識に霊感を与えているのです。ですから、ウィルソンの述べていることは、憑霊の結果である、と言わざるをえません。現代は、言葉の一致など大切ではない、ということを申し上げたくて、この例を取り上げました。

私はいつも非常に悲しい思いをさせられるのですが、人智学の友人たちがどこかである牧師や教授の言葉を見つけ出して、それがまったく人智学的だ、と言ってきます。しかしそれがどのように人智学的なのか、どうぞよく調べてみて下さい。

皆さん、今日のような文化期では、ある教授の政治的な発言でさえ、重要な箇所で、時代の現実にふさわしい認識を語ることができるのです。しかし語られた言葉が問題なのではありません。人間の魂のどの領域からその言葉が発せられているかが問題なのです。大切なのは、言葉を通して、その言葉の発せられた領域を見抜くことなのです。

大切なのは、文章を作ることではなく、いかにそれが語られているかです。霊魂に発する力が直接流れ出ていることが大切なのです。そして言葉がどんな心の源泉から出たものなのかを感じないで、言葉の一致だけに注意する人、人智学的な思想の全体的な関連の中から語られているのかどうかに注意を向けない人は、私の述べていることを誤解してしまいます。そしてどこかで見出した叡智ある言葉と人智学とを同じように感じてしまうのです。

もちろん、こういう例を取り上げるのは、愉快なことではありません。人の意向は現在それとは反対の方向に向っています。しかし真剣に語ろうとすれば、語ることで一種の安らぎを与えるのでも、文化上の睡眠剤を提供するのでもありませんから、多くの人に不快感を与えるような、こういう例を取り上げる必要もあるのです。ですから真剣に考える人であれば、今世界が精神薄弱的なアメリカの教授〔ウッドロー・ウィルソンのこと〕が世界秩序をうち立てようとしている事実に気がつかなければ、世界が今後どうなっていくか、という私の警告に耳を傾けてくれると思います。

現実を語ることは、今日では、愉快なことではありません。なぜなら、多くの人にとって、しばしば反対のことの方が愉快だからです。いずれにせよ多くの人は、皆にとって当然だと思えるような内容しか語ろうとしないのです。

言葉を通して見るということ、これこそが今求められているのです。ですから、言葉の中に身振りを捉えることができなければなりません。そうできるようになるのは、この時代が終わり、次の時代になってからでしょう。三千年紀になれば、他の人に話しかけるとき、現在のようにではなく、第三ヒエラルキアの天使、大天使、人格霊にふさわしい話し方をするでしょう。霊界に参入することなく語ろうとするのなら、時代は三千年紀以上に進化することはないでしょう。

霊界に参入するとき、言語を通して人間の魂の声を聞くことができるようになります。そしてこのことは、これまでとはまったく違う社会生活を可能にします。それにはまさに悪の力によって、人の言葉に耳を傾け、魂の声が聞けるようにならなければなりません。

言葉から魂の声が聞こえてくるようになるとき、独特な色彩感情が人びとに生じます。そして言語のこの色彩感情の中で、人びとは民族を超えて理解し合えるようになります。ある音声は青い色面を見るのと同じ感情を呼び起こし、別の音声は赤い色面を見るのと同じ感情を呼び起こすでしょう。人を見るときに、従来は熱しか感じられなかったのですが、それが声に耳を傾けることによって色に変わるのです。音声が人の口から人の耳へと響くとき、その音声を心が共体験しなければなりません。この共体験がそのとき可能になるのです。

第三に、人びとは他の人の感情表現を心から体験できるようになります。その場合、言葉だけでなく、他の人に向き合うとき、自分自身の呼吸の中に他の人の感情形式が体験されるのです。呼吸は地球の未来においては、向き合う相手の感情生活に応じた在り方をするようになるでしょう。私たちの呼吸を、ある人はより速く、別の人はよりゆっくりとさせるでしょう。そして私たちは、より速く、またはよりゆっくりと呼吸しながら、相手と共に生きるのです。

どうぞ、考えて下さい。未来の社会共同体はどのように形成されるのでしょうか。人間の共同生活はどれほど深いものになるべきなのでしょうか。こういうことが実現するには、もちろん長い時が必要でしょう。呼吸が人間の魂と一体になるまでには、第六後アトランティス期全体を超えて、第七後アトランティス期に到る時の流れが必要でしょう。

そして第七後アトランティス期には、第四に取り上げるべき問題が一部分達成されるでしょう。人びとが人類共同体に属することを願うときに——あまりいい表現ではありませんが——互いに相手を消化し合うようになるのです。誰かと一緒に何かを行おうとするとき、現在の私たちが何か料理を味わうときと同じような内的体験をもつようになるでしょう。意志の分野で、人びとは互いに相手を消化し合うのです。感情の分野では、互いに呼吸し合い、言葉による理解の分野では、互いに相手を色として感じ合います。そして本当に相手を見ることができたとき、互いに相手の自我が分かり合えるのです。

しかしこういう働きはすべて、内なる魂の働きですから、完全に発達するためには、木星紀、金星紀、ヴルカン星紀を待たなければなりません。しかしこれらすべては、すでに地球紀の人間によって求められています。そして現在のこの恐るべき破局的な状況は、今述べたような、来るべき状況に対する人類の反抗であり、反感のあらわれなのです。

人類は未来への方向に反抗します。すべての地域的な権益が未来において克服されなければならない故に、現在の人類はそれに反抗して、人間は国家ごと、民族ごとにまとまらねばならない、という安易な命題を世界中にふりまくのです。現在世界に起きていることは、人類の進化を望む神の意志に対する反抗なのです。来るべき事柄を正反対の方向へ歪めようとするのです。いわゆる「悪の秘儀」を受け容れようとするなら、このことに眼を向けなければなりません。なぜなら、悪は人類の進化に働きかけようとするための副作用だからです。機関車が長距離を走らなければならないとき、傷んだ線路上に来ると、線路をこわします。そして自分も先へ進めません。人類は、お話ししたような目標へ向って進化しようとします。意識魂の課題は、人類が意識してその目標に向って努力しなければならない、と認識することです。しかし今は傷んだ線路が敷かれていて、もっとよい線路に取り替えるまでに、かなり長い時間がかかります。なぜなら、傷んだ線路をよい線路に替えようと、まだまったくしていないのですから。

しかし皆さんも御存知のように、霊学はペシミスティックな思想ではありません。霊学は、どんな発展の途上を人間が今歩いているのかを認識できるようにします。そして、少なくとも人生の祝祭的な瞬間には、今日いたるところに見られる反動的傾向から自由になれるように求めます。

しかし、そこから自由になるのが非常に困難なことですから、誰でもすぐに以前の状態に戻ってしまいます。ですから、こういう事柄を率直に語ることはとても難しいのです。実際この点、人類は今、奈落に落ちようとしています。ですから、絶えず目覚めるように求めなければならないのです。

（ドルナハ　一九一八年一〇月二六日より）

ルツィフェルとアーリマン 1

ルツィフェルとアーリマン、この二つの宇宙作用力をもっぱら否定的に見るのは、間違いです。そのいずれの働きも、宇宙的な使命に従った働きなのですから。

大切なのは、その作用力をふまえて、人生の秤りの均衡を保つことなのです。つまり均衡を保つ力を自分で用意して、悪に対してバランスをとることなのです。悪そのものを否定しようとすると、自分の中の大切な力そのものを否定することになってしまいます。

悪は、宇宙秩序にとって必要な力が、その本来の、ふさわしい領分を超えて、別の領分にまで作用を及ぼすときに生じるのです。

その意味でアーリマンを考察すると、アーリマンとは物質界にとって必要な破壊の力、死の力のことです。死は、物質界の中では必要な、必然的な在りようを示しています。もしも「死と消滅」が物質界に存在しなかったら、生きものは地上に充ちあふれて、収拾がつかなくなってしまうでしょう。

そのような死を霊界から合法則的にコントロールする使命を、アーリマンが果たしているのです。ですからその限りで、アーリマンは私たちを取り巻く、周囲の環境の中では、死の正統な支配者であって、悪しき力ではないのです。

アーリマン本来の領域は、鉱物界です。鉱物界は死の世界ですが、しかしその鉱物界の法則は、鉱物界だけでなく、植物界、動物界、人間界にも及んでいます。地上に存在しているものはすべて、鉱物界の死の法則の下にあります。鉱物界でのアーリマンは、したがって、悪ではありません。むしろ感覚世界における死と消滅の主《ぬし》なのです。ですから、私たちが物質的、鉱物的、感覚的な存在形態を、永久に保存しようと願っても、宇宙の秩序に反した願いになってしまいます。

私たちが感覚世界と正しい関係にあろうとするなら、物質形態を永遠に存在させようと思ってはなりません。自然な死に直面したとき、その死による物質形態の喪失を受け容れることができなければなりません。

唯物主義のイデオロギーになった思考

しかしアーリマンはその本来の領分を越えて、人間の思考に作用を及ぼそうとすることがあるのです。霊界に関心も理解ももっていない人は、アーリマンが人間の思考に働きかけるなどとは、とても信じられないでしょうが、しかしアーリマンは今も、私たちの思考に働きかけているのです。感覚世界の中で働いているときの私たちの思考は、宇宙の秩序に従って、いつかは消滅せざるをえない脳と結びついていますが、その時アーリマンは、私たちの脳のこの働きをコントロールしているのです。

さてアーリマンが自分の分野を踏み越えてしまう時とは、思考をいつかは消滅せざるをえない脳から引きはがして、思考を独立させようとする時なのです。感覚世界に向けられている思考を身体の一部分である脳から引き離そうとするのです。アーリマンは、身体存在である人間を死の流れの中に組み入れるとき、この破滅の流れから思考を切り離そうとするのです。アーリマンはこのことを、人間の一生を通じて行っています。いわば思考を自分の中に取り込んで、思考が破滅から引き離されているかのように、人間に働きかけているのです。このようにアーリマンは人間の思考に働きかけているのです。

感覚世界と結びついた人間は、もちろん、霊的本性たちの作用をただかすかに感じとることしかできませんから、アーリマンに胸ぐらをつかまえられている人間たちは、偉大な宇宙秩序に組み入れられている状態から思考を引き離したいという衝動を感じてしまいます。そしてこのことこそが唯物主義的な気分を生み出すのです。人びとに感覚世界だけを思考するように促すのです。霊界の存在を認めようとしない人たちは、アーリマンに憑依されています。なぜなら、思考の働きが永久に感覚世界に留まり続けるように誘惑するのは、アーリマンなのですから。

こうして人はどうしようもなく唯物論者になってしまい、霊界のことなど何も知ろうとしなくなるのです。ただその際、自分がアーリマンに誘惑されているなどとは、夢にも思っていません。アーリマンの側からすれば、人間の思考を脳という思考の肉体上の土台から切り離すことに成功することによって、この思考を通して、物質界の中に唯物主義という影と図式を持ち込むことができます。影と図式を物質界に組み込むのです。アーリマンはこの影と図式を使って、アーリマンの特別の領域を確保しようとするのです。

アーリマンは、人間の思考が死への流れの中に入っていこうとするのを妨げます。そうすることで思考を死の流れから引き離し、思考自身の土台である脳から切り離された思考によって作り出された影と図式を、物質界に送り込む機会をうかがっているのです。

霊的に見ると、この影と図式が今、宇宙秩序に害を加えながら、物質界の中を動き廻っています。これは、すでに述べたように、アーリマンが生じさせた産物なのです。

ルツィフェル的衝動

私たちがアーリマン本来の役割に対して正当な気分で向き合えるのは、アーリマンがみずからにふさわしい衝動を私たちの魂の中に送り込むことで、私たちが感覚世界と正当な関係をもっているときです。けれども私たちは、アーリマンがすでに述べたようなやり方で私たちを誘惑しないように、注意しなければなりません。

「私はすべてのアーリマン的な衝動を自分の魂から排除している」、と言うことは容易です。けれども、そういうことは、もう一方の秤りを重くする結果を生じさせることにしかなりません。誰かがアーリマン的な衝動を、間違った理論に従って、魂から排除してしまうことが本当にできたとしても、その人はルツィフェル的な衝動の手に落ちてしまうだけでしょう。

誰かがアーリマン的な力に従うのを恐れるあまり、感覚世界をわざと軽蔑して、感覚世界への当然の喜びを自分の中から排除しようとするなら、つまり感覚世界に依存することがないように感覚世界に関心をもつことを一切否定しようとするなら、ルツィフェル的な衝動に陥るだけなのです。それは間違った禁欲でしかありません。そしてそういう間違った禁欲こそが不当なルツィフェル的衝動から逃げられなくしてしまうのです。禁欲の歴史をひもとけば、いたるところでルツィフェルの側からの誘惑を見てとることができます。私たちは間違った禁欲の中でルツィフェルの誘惑にさらされているのです。なぜなら、アーリマンとルツィフェルの働きを両極として天秤のバランスを保つ代りに、一方の側をすっかり空にしてしまおうとするのですから。

　ですから、アーリマンが完全に正しいのは、物質的、感覚的な世界を私たちが正当に評価している時なのです。そして鉱物界が、アーリマンにとっての、いわば固有の領域です。ですから死がこの領域に永続的な力を及ぼしています。そしてアーリマンは、鉱物界を超えた、植物界、動物界、人間界の本性たちのいとなみにも介入して、そこにも死を持ち込んでいます。

　私たちは外界に認める超感覚的なものの働きを霊的であると呼び、人間の内面に働く主観的な働きを魂的と呼んでいますが、アーリマンは、この意味では、より霊的な存在であり、ルツィフェルは、より魂的な存在です。アーリマンは外なる自然における諸経過の主《ぬし》であり、ルツィフェルは人間の内面にみずからの衝動を送り込んでいるのです。

ルツィフェルの使命

　さて、一般的な宇宙秩序の意味で、ルツィフェルにも正当な使命があります。ルツィフェルのこの使命とは、人間を、そしてこの世の一切の魂を感覚的、物質的ないとなみから切り離すことなのです。考えてみて下さい。もしもこの世にルツィフェルの力がどこにも働いていなかったとしたら、人間は外界を知覚し、理解することの中で、夢を見続けることでしょう。人間の魂は、この感覚世界の中で、一種の夢想状態から抜け出すことができないでしょう。

けれどもルツィフェルは、そういう魂を感覚世界の時間の経過から切り離すのではなく、むしろ魂をいわば高揚させて、感覚世界の提供するものとは別の何かを魂が体験し、実感し、そしてそのことを喜べるようにしてくれているのです。

人類の芸術の歴史を考えてみるだけでも、このことはすぐに納得できます。人間は感覚世界がただ提供するものだけに満足するのでなく、この感覚世界から引き上げてくれるような表象生活、感情生活を大切にし、そのための創造活動も行います。こういう芸術活動のあるところには常に、人間を感覚世界から切り離すルツィフェルの力が働いているのです。芸術の歴史における心を高揚させるもの、魂を解放させてくれるもの、そういうものの大半は、ルツィフェルの霊感によって生じるのです。

もっと別のところにも、ルツィフェルの霊感は働いています。人間の思考は、ルツィフェルの働きのおかげで、物質的、感覚的な世界の単なる写実的な再現に終始しないでいられるのです。人間は自由な思考の中で、自分を物質的、感覚的な世界から引き上げることができます。例えば哲学することで、そうすることができます。すべての哲学上の営為は、この観点から見れば、ルツィフェルの霊感によるものなのです。

人類の哲学の歴史は、純粋な実証主義を除けば、つまり外的、物質的なものに留まるのでない限りは、ルツィフェルの霊感の現れなのです。感覚世界を超えた一切の創造行為は、ルツィフェルの正当な力、正当な働きのおかげなのです。

二つの悪の領分

けれどもルツィフェルもこのみずからの領分を逸脱することがあります。そしてその結果、宇宙秩序に反抗してしまい、人間の感情を汚染してしまうのです。アーリマンはより思考を汚染してしまいますが、ルツィフェルはより感情を、激情、情熱、衝動、欲望を汚染してしまいます。こういう感情のすべてをルツィフェルは物質的、感覚的な世界から引き離して、それを霊化しようとするのです。そして霊界の特別の、いわば孤立した島に、彼が感覚世界における魂の感情の働きから取り上げることのできたすべてでルツィフェルの国を建設しようとするのです。

アーリマンは思考を物質的、感覚的な世界に留めておこうとし、そして思考を影と図式というアーリマン的な、独立した領分にして感覚世界に組み込むのです。初歩的な見霊体験者はこの思考を動き廻る影として霊視します。一方、ルツィフェルは物質的、感覚的な世界の中の魂の感情の働きを取り上げ、それを特別のルツィフェルの領分に持ち込むのです。ルツィフェルはこの領分を一般の宇宙秩序とは反対に、みずからの本性に似た孤立した国として建設するのです。

愛の二つの在り方

ルツィフェルがどのように人間に接近してくるのかをイメージしようとするなら、広い意味での愛という人間本来の道徳生活の基礎であるものに眼を向けなければなりません。愛については、もっとくわしくお話ししなければなりませんが、この広い意味での愛については、次のように言うことができなければなりません。

物質的、感覚的な世界において、この愛が人間生活の中に働く時、人が自分の愛する存在をその存在のために愛している限り、どんなルツィフェルの不当な干渉からも絶対に守られている、と。

私たちが誰か別の人に、或いは物質的、感覚的な世界における人間以外の何かに出会うとき、その存在は私たちに一定の個性をもった存在として現れます。私たちがこの個性に対して自由な感受性をもって向き合うとき、この個性は私たちに愛を求めます。そうしたら私たちは、この存在を愛さないわけにはいかなくなります。

私たちはこの存在の個性を通して、この存在を愛するように促されます。愛する原因が愛を感じている自分の中にあるのではなく、愛の対象である相手の中にある場合、この愛は感覚世界の中にあって、どんなルツィフェル的な影響からも絶対に守られているのです。この愛は、そういう愛の在り方、愛のかたちをしているのです。

しかし人生をふり返って見れば分かるように、愛の別の在り方も人生には不可欠です。それは誰でもそうなのですが、あれこれの存在を愛するとき、自分の中には、それによって自分が満足できたり、感動できたり、うれしくなったりする傾向が存在しています。そういう傾向が存在する限り、その愛は、自分のために愛しているのです。別の存在を愛することが、自分にとって大事なことだから愛するのです。

自己中心的な愛とも呼べるような、こういう愛の在り方も、人生になくてはならない愛の在り方です。人間性にとって、こういう愛の在り方もなければなりません。なぜなら私たちが霊界を愛するときのすべて、つまり愛に由来する憧れ、霊界に参入しようとする思い、そういうすべては、この世にいる私たちの場合、もちろん霊界に対する自己中心的な愛から生じるのですから。しかも霊的なものへのこういう愛は、私たちにとって、どうしてもなくてはならないものなのです。私たちのためにあってもよい、というようなものではないのです。どうしてもそういう愛がなければならないのです。

私たちは、霊界に根を下ろしているのですから、その私たちが自分自身をできる限りよりよいものにしていくのは、義務なのです。私たちは自分のために霊界を愛さなければなりません。そうすることで、できる限りの霊界の力を私たち自身の本性の中に流し込まなければなりません。

この個人的な、自己中心的な愛の在り方は、霊的な愛においては、まったく正当なのです。なぜならこの在り方は、人間を感覚世界から引き離して、霊界へ導き、自分をますますよりよいものにしていくという義務を果たすことができるように導いてくれるのですから。

さて、ルツィフェルは、霊界と感覚世界という二つの世界の区別を曖昧にしようとします。私たちがこの物質的、感覚的な世界で、自分のために自己中心的な仕方で愛するとき、その人間愛のいたるところでこの二つの世界の曖昧化が生じます。ルツィフェルは感覚的な愛を霊的な愛と似たものにしようとしているのです。ルツィフェルは愛を感覚世界から引き出して、それを自分の特別の領分の中に導き入れようとするのです。そういう時の自他の区別のつかない、しかし自己中心的な愛、愛する人のためであるようでいて、実は愛している自分のための愛は、すべて、ルツィフェル的な衝動に従っている愛なのです。

今述べたことをはっきり意識していれば、特に現代という唯物主義的な文化の時代における愛の生活においては、ルツィフェル的な誘惑に陥る機会がいたるところで待ちかまえているのに気づかされるのではないでしょうか。

衝動の影の側面——倒錯

人生に偉大な、崇高な事柄が存在するのは、ルツィフェルのおかげなのですが、ルツィフェルに由来する衝動は、ふさわしい分野において生かすのでなければなりません。ルツィフェルがそのような分野、美的仮象の分野、芸術衝動の分野での育成者として登場してくるところでは、ルツィフェルの働きを受けた芸術家から偉大な、崇高な、圧倒的な何かが現れるのです。

しかしこのルツィフェルの働きには、影の側面もあるのです。ルツィフェルはあらゆる機会に魂の働き、感情の働きを感覚的な世界から切り離して独立させ、自己中心的な働きにしようとしていますから、魂の働き、感情の働きの中には、わがまま、頑固さのような要素が現れてくるのです。ですから人は自由に創造活動を続けながら、さまざまな宇宙についての勝手な思いつきを、いわばフリーハンドで行うのです。なんと多くの人が、いわばやすやすと哲学していることでしょうか。その哲学が宇宙秩序の必然の歩みにふさわしいかどうかなど、まったく考えようともしないでです。

哲学する変わり者たちは世界中にいくらでもいます。その人たちは自分の見解の中にとじこもって、自分のルツィフェル的要素を自分のアーリマン的要素によって調整しようなどとは思っていません。本来であれば、物質的、感覚的な世界の法則にも合っているかどうか、いつでも自問自答しなければならないのに、です。そういう人たちの見解は、夢想、妄想でしかありません。すべての妄想、すべての自分勝手な思い込み、すべての間違った理想主義は、ルツィフェル的な衝動の影の側面に発するものなのです。しかし霊的な観点に立って考察するなら、ルツィフェル的要素とアーリマン的要素は、感覚界と超感覚界の境域または境界において、特別の意味をもって現れてくるのです。

これまで何度も申し上げてきたように、霊界のために愛を働かせるためには、特に自分自身の内的な力を強くしなければなりません。言い換えれば、自己実現への衝動を強めなければなりません。霊界への愛を育てるためには、自分自身に眼を向けなければならないのです。

しかし霊界において自分を崇高なところに導いてくれる衝動を、感覚的なもののために役立たせようとすると、とてもひどいことになりかねません。こんにち、日常の物質生活の中で霊界の存在に関心をもっていないような人はいくらでもいますが、でもその人たちの魂の内部に、霊界への衝動が存在していないわけではないのです。自分の中の霊的な衝動を否定するのは、そのことに目をつぶっているからにすぎません。そういう衝動は、どんな人の中にもあるのです。折り紙つきの唯物主義者の魂の中にもです。

そこで考えていただきたいのは、ある法則のことです。すなわち、何かが一方において無視され、無力化されると、その何かは、境域または境界の正反対の側から別の姿をとって現れてくる、という法則のことです。その結果、自己中心的な衝動は、感覚的もしくは官能的な衝動となって押し寄せてくるのです。霊界においてしか正当ではないような愛の在りようが、境域の反対側に移され、感覚的、官能的な衝動、情熱、欲望となって現れるのです。感覚的、官能的な衝動が倒、錯、したものになって現れるのです。官能的な衝動の倒錯、すべての性的倒錯は、霊界での高次の徳性と対《つい》になるものなのです。

どうぞよく考えてみて下さい。感覚世界の中で倒錯した衝動となって現れるものは、それが霊界において生かされると、この上なく崇高なものとなって現れるのです。このことは、非常に非常に重要なことです。

物質的、感覚的世界と超感覚的世界との間の境がふさわしい仕方で注目され、評価されることがない場合、崇高な意図が倒錯したものにひっくり返されるのです。

見霊意識を正当に育てるためには、見霊者の魂は、超感覚的世界の中では、超感覚的世界の規則に従って生きることができなければなりません。しかしふたたび身体の中に戻ったときには、この世の正常な物質的、感覚的な世界の中にいるのですから、超感覚的世界の法則にまどわされてはなりません。

誰かの魂がそのことでまどわされたとしますと、次のことが生じかねないのです。見霊的になった魂が霊界を霊視します。しかし、正しい仕方で霊界に留まることなく、ふたたび物質的、感覚的世界に戻ってきます。いわば霊界でつまみ食いをして戻ってくるのです。こういうつまみ食いをする人は数多くいます。しかし超感覚的世界でのつまみ食いは、物質的、感覚的世界でのつまみ食いよりも遙かに危険であり、その危険は深刻なのです。

霊界でつまみ食いをすると、その例は稀ではないのですが、霊界で体験したことを感覚世界の中に持ち込んでしまうのです。しかもその体験は、感覚世界にふさわしく濃縮され、収縮されているのです。ですから一般的な宇宙秩序の法則にかなった態度をとれない、そのような見霊者は、霊界での体験を濃縮し、その濃縮したイメージや印象を物質的、感覚的世界に持ち込むのです。物質的、感覚的世界の中で見たり考えたりするだけでなく、身体の中に戻って来ても、イメージの中では霊界の影響を保ち続けるのです。しかもその時保っているイメージは、感覚世界にそっくりなのです。ただ現実に対応しているのではなく、幻想であり、夢想なのですけれども。

正しく霊視することのできる人は、霊界にいても、現実と想像とを取り違えることはありません。しかしただ霊界でつまみ食いしかしなかった人は、妄想と現実を混同することから守られていません。イメージを濃縮して、その単なるイメージを現実だと思ってしまいます。

このように霊界でつまみ食いをした人は、アーリマンの格好の獲物なのです。アーリマンは、通常の人間の思考からは、つまらない影しか手に入れられませんが、霊界のつまみ食いによって生じた、間違った妄想からは、卑俗な言い方をすれば、あぶらののった、おいしい影と図式を手に入れることができるのです。そしてこのようにして、アーリマン的なやり方で、一般的宇宙秩序にとって非常に悪影響のある霊的な影と図式とが物質的、感覚的な世界の中に混入されるのです。

　このように、アーリマン的原則は、みずからの境界を踏み越えて、一般的宇宙秩序に反抗するとき、特別強力に作用を及ぼせるのですが、それだけでなく、このアーリマン的原則は、みずからの正当な活動を逆転させることによって悪になることができるのです。絶対的な悪など存在しません。すべての悪は、なんらかの仕方で善であるものが別の仕方で世界に用いられることによって生じるのです。それによって、善が悪に逆転するのです。

　同じような仕方で、崇高なもの、偉大なものを生じさせるきっかけを与えてくれるルツィフェル的原則も、まさに見霊的になった魂にとっては、危険なものに、非常に危険なものになりかねません。そしてこのことは倒錯の場合に生じるのです。

　今私たちは、誰かの魂が霊界でつまみ食いをした時の場合を考察しました。つまり霊界で何かを知覚した魂が物質的、感覚的な世界に戻ってくるとき、その魂は、「今のお前がこのイメージを用いるのは許されない。このイメージは霊界のためのものなのだ」、と言うことができないと、その魂はアーリマンの影響をもろに受けてしまうのです。

　しかしその逆のことも起こりえます。私たちの魂は、物質的、感覚的世界にのみ属すべきであるものを霊界に持ち込むこともできます。そのようなものとは、感性、感情、激情の働きのことです。これらは魂がある程度までは物質的、感覚的世界の中で発達させなければならないのです。情熱のように、魂が物質的、感覚的世界で育成すべき感情はすべて、ルツィフェルに誘惑されることがないように、霊界の中に持ち込んではならないのです。

（ミュンヘン　一九一三年八月二五日）

ルツィフェルとアーリマン 2

人間の魂のいとなみは、静かに経過していくのではない。身体に結びついている、より思考的な働きと超感覚的な、より意志的な働きとの間のバランスをとろうと努めている。魂がこの二つの流れの戦いの中で生きていることが分かると、魂のこの戦いの考察を通して、思考の面でも、意志の面でも、魂の生活の中に働きかけてくる、更に別な力の存在たちも見えてくる。その力の存在たちの一方は、身体を媒介して働きかけてくるのではなく、超感覚的世界から意志という廻り道を通って魂に働きかけてくる。この力は物質的な身体組織と一体化しようとする人間の強力な無意識的もしくは意識的な衝動に対して、それを妨げようと働きかけてくる。この力はもともと人間の魂の力とは異質でありながら、宇宙進化の過程で人間の魂に影響を及ぼすようになった。

この同じ力が、その一方で人間の不当に高慢になろうとする傾向となっても現れてくる。また、人が自分のことを実際以上に高く評価するときにも、自分の道徳的な本性に反する行為に駆り立てられるときにも、この力の働きが感じられる。

霊界に背を向けるのを妨げる力が、善に反する働きのもとにもなりうるというのは、矛盾していると思えるかも知れない。しかし宇宙経過の中には、その作用が一方において必要であり、有益であるのに、他方においてはその反対になりうるような力が少なからず存在している。感覚的にも、超感覚的にも、そのことが言える。昔の言い方に従えば、この力は、人間本性の中に作用するルツィフェル的なものと呼ぶことができる。

この存在に対して、その悪しき一面だけを見て、反感で向き合う必要はない。むしろ宇宙経過におけるこういう力の現れを、人間本性の進化のために不可欠なものとして肯定しなければならない。たとえその作用が悪の結果を伴うとしてもである。

この力の対極に、同じように、もともと人間の本性の中には存在していない別の力が、宇宙経過の中で、人間本性に作用を及ぼしている。もしもルツィフェル的な要素がこういう対極なしに作用していたら、魂がこの世に受肉しようとする欲求そのものが否定されてしまうだろう。そうしたら人間は、そもそもこの世に生まれて来ないだろう。人間の魂がこの世の人生から逃れようとするとき、そのルツィフェル的な衝動は、その対極の力によって克服される。この対極の力は、人間の魂本来の地上への欲求よりももっと強く、感覚的、物質的な生活へこの魂を引き寄せる。

この力に対立する力が「ルツィフェル的」と名づけられうるのと同じ理由で、この力は「アーリマン的」と呼ばれる。

ルツィフェル的もアーリマン的も、影の側面をもっている。ルツィフェル的なものの中に意志の間違いのもとがあるように、アーリマン的なものの中に思考の間違いのもとがある。

今述べた、人生に作用を及ぼす二つの力を洞察するとき初めて、認識し、行動する人間が自然もしくは外的な世界とどのような関係にあるのかを見てとることができる。

自然関連の認識は、身体器官によって与えられる。自然関連は、感覚活動と感覚に結びついた神経系の働きによって人間の内部にもたらされる。人間の内部にもたらされる自然経過と身体そのものとの関係は、鏡像と鏡そのものに較べることができる。身体は自然経過を像として生み出す。そして魂はこの像に対して、ちょうど鏡の前に立って、鏡に映し出された姿を見ている人のような在り方をしている。

超感覚的認識を否定する心理学は、感覚と神経の働きという身体経過が、どのようにして魂の体験に変化するのか、理解しようとしても、常に認識上の困難にぶつからざるをえない。通常の意識が開示するものだけを問題にする限り、この困難は克服できない。なぜなら、通常の意識が認める身体経過とこの通常の意識が認める魂の本性との間には、何の関係も見出せないのだから。

通常の意識にとって、内的に鏡像を生み出す過程を身体経過の中に見出すことはできない。そして魂がどのようにしてそういう鏡像を認識し、体験するのかを知ることもできない。しかし超感覚的な直観は、魂を身体組織に結びつけるアーリマン的な力が、人間の能力を超えたところで働いているのを認めることができる。

このアーリマン的な力が、身体の素材の中で上述した鏡の経過を生じさせている。その力は魂に作用することで、魂に像を体験させる。このようにしてすべての自然認識は、アーリマン的な活動によって可能となる。

人間は、行為するとき、自由な意志を体験する。自由な意志の存在は意識にとってひとつの事実である。この明らかな事実に対して盲目である魂の持ち主だけが、自由な意志を否定する勇気をもつことができる。すべてを自然科学の型にはめて理解しようとする人は、自由な意志を理解することができない。なぜなら自由な意志は、自然の関連には属していないのだから。

宇宙の中に自然関連しか認めることのできない人は、自由な意志を認めようとしない、というか、理解できない。すべての意志と同じく、自由な意志もまた、超感覚的な直観によってしか認識できないのだから。

感覚世界との関係において、人間の魂が自由な意志を発揮できるのは、ルツィフェル的な力を通して、自分の魂の一部分が霊的領域に留まることができるからなのである。そのとき自由な意志は、人間自身の本質の一部分になっている。このルツィフェル的な力のおかげで、人生は、自分の身体組織もそれに属している、単なる自然関連の中から救い出される。

しかし、アーリマン的なものとルツィフェル的なものとが明らかにしてくれるのは、人間本来の超感覚的本性が、この両方の力とは別の霊界領域に属している、ということである。

この二つの力の一方も他方も、宇宙秩序の中で人間に求められている方向に逆らっていると言わざるをえない。しかしそれにも拘らず、人間はこの二種類の力の間に可能な限りの均衡状態を生じさせることによって、ますます高次の存在段階へ進化していく可能性が与えられている。自然を認識し、かつ自由な意志を発揮することは、以上に述べたこの均衡状態への努力の現れである。

霊的に人類の歴史生活を考察すると、この歴史生活もまた、この二つの力による二つの対立方向に影響されており、この二つの間の均衡をとろうと努力してきたことが分かる。しかし時代の経過する中で、アーリマン的な衝動とルツィフェル的な衝動とは交替で優位を占めるようになる。ある時代にはルツィフェル的な衝動が、別の時にはアーリマン的な衝動が優位を占める。人類が主としてルツィフェル的な力に支配されている時代には、常にアーリマン的なものに向かおうとする時代が続く。

近世の初頭からはそのようなアーリマン的な時代が支配している。アーリマン的な時代には、自然認識が非常に普及する。そして自然力の管理がよく行きわたる。しかし人間がこの方向に片寄りすぎると、人間固有の本性に応じた力から離れてしまう。そしてアーリマン的なものへの傾向に歯どめがきかなくなるとき、人間固有の本性の力の代りに、ルツィフェル的な衝動が現れて、人間生活を混沌とした状態に陥れる。

（雑誌『王国』三巻第三号　一九一八年一〇月）

III

われわれの生きる悪の時代の霊的背景

悪の時代の中で

ドルナハ　一九一七年一〇月一日

現代の幻想

今回の連続講義では、少くともいくつかの観点から、現代と近未来とを理解することができるような関連づけを皆さんに知っていただきたいと思っています。

けれどもその関連づけのためには、いくつかの点で、時代を遡ってお話ししなければならなくなります。一本の赤い糸を通して、ひとつひとつの出来事に全体的な関連を与えるために、いろいろな側面を遡って話していかなければなりません。そして現代という時代を理解するための建築石材を、一見離ればなれになっているところから集めてきたいと思います。

私のいう現代とは、数十年前から数十年後までの、かなり長い期間のことなのですが、この現代を理解するには、特にひとつの基本的な観点を考慮に入れる必要があります。それは大抵の現代人が信じている、というか、あたりまえのこととしている観点とは、まさに正反対の観点なのです。こんにちの常識とは正反対の観点です。世間では、真実である事柄とは多くの点でまさに正反対の意見が通用していますので、真実を語ると、信じがたい、本末転倒の、ばか気た意見だと思われてしまいます。

けれども、ここで忘れてはならないのは、次のことです。――たとえ未来へ導くために告げなければならない真理が世間の常識とは違っていたとしても、たとえ前へ進もうとする真実と国内的または国際的な常識とが違っていたとしても、私たちの時代におけるほど、この違いが大きく、決定的であったことはなかったのです。現代人の常識は、内的に途方もなく不寛容で、自分と違った考え方には耐えられないのです。

ですから現代人はこれからも、過去の時代の人びとよりももっとずっと、新しく現れてくる考えを空想の産物だ、と主観的に思ってしまうでしょう。それにも拘らず、現在の状況は、現代にいたるまで厳格に特定のグループ内で秘守されていた真実を、現代人にとっての非常識を、ますます一般に公開しなければならなくなってきているのです。どれほど偏見や敵対的な流れを呼び起こそうとも、一般の意見やその意見の持ち主がそういう真実にどのような向き合い方をしようとも、公開しなければならないのです。

なぜそうなのかは、この連続講義の中で順を追ってお話しします。まず申し上げなければならないのは、現代人と近い将来の人びとが、自分は過去の時代の偏見、幻想、迷信からはるかに遠くまで来ていると信じているとしても、まったく幻想にとらわれている、ということです。他の時代よりもはるかに、特定の世界秩序の重要な諸事実について、幻想にふけっているのです。そしてついには、その幻想が世界と諸民族と地球とを支配する力になるまでに到っているのです。ですから現代の混沌《カオス》の中には、――だからこそ混沌なのですが――まさに幻想が、幻想的な表象が支配しているのです。

現代の根本的な幻想、原理的な幻想については、すぐにこれからお話しするつもりですが、この幻想は、時代の唯物主義的な傾向と密接に関係しています。人びとは物質領域について、まったく間違った考え方をしているのです。この点で、新約聖書の言葉「私の国はこの世のものではない」（ヨハネ伝一八章三六）はますます理解できなくなっています。こんにち、まさに社会的に指導的な立場にある人びとは、自分たちの国がこの世のものであり、その国の中で活動すべきである、という幻想に陥っているのです。

私の国はこの世のものではない

どういう意味でしょうか。現実を見ることのできる人は、物質界の世界が完全なものではないことを知っています。しかし唯物主義的な考え方をする人は、物質界において完全なものを達成しなければならないという幻想に陥っているのです。そこから現代の社会主義幻想が生じているのです。

今、まさに人びとは、さまざまな意見、さまざまな党派性の中で、幻想に陥っています。リベラルな世界観、人生観の持ち主は、物質界に特定の制度を設けようとしています。そしてその制度が実現されるなら、地上は天国になる、と考えています。

社会主義者も、各人がそれぞれ自分の思うとおりの快適な生き方をすることができるような社会制度を作ることができると考えます。こういう人が物質界の未来を思い描くとき、そこは常に、非常に美しい天国的な世界なのです。こんにちのさまざまな社会主義政党の諸計画を検討してみて下さい。

しかしこういう地上天国的な考え方は、他の分野でも見てとれます。教育者はどうでしょうか。もちろんどんな教育学者も教育評論家も、考えうる最上の教育制度、教育原則を打ち立てることを意図しています。

こういう努力に反対する人は愚か者としか思われません。この世に最上のものを実現しようと望まない者は、心が歪んでいる、としか見做されないのです。

そう考えざるをえないことは、よく分かります。しかし悪意からではなく、私なりの現実認識から、こういわざるをえないのです。——地上に完全な制度を実現させうると信じるのは、幻想にすぎない、と。三角形の内角の和が一八〇度である、というような法則と同じ意味での完全な社会法則が地上に通用する、というような主張に対しては、大胆に、おそれずに、その主張の本質をしっかりと見据えなければなりません。

こういう主張、こういう幻想が姿を現わすのは、唯物主義的な立場に立つときです。こんにち多くの人が、自分は物質存在以上の何かを信じている、と語るとしても、それは言葉上の主張にすぎません。多くの人にとって、言葉そのものが単なる言葉、空虚な響きでしかないのです。

人間の無意識の中には、唯物主義的に思考しようとする傾向が居すわっています。物質以外の何かを信じているふりをしているとしても、そういう幻想が生じるのは、そもそも物質界しか信じていないからにすぎません。そうなのです。物質界しか信じていない人、周囲に物質界以外の何かがあるとは信じられずにいる人にも理想があるとすれば、その理想は、この物質界においてしか天国は生じない、すべては物質界の出来事でしかない、という理想以外にはないのです。そうでない理想は、すべてナンセンスなのです。

唯物主義者にとって、今はこの物質界での理想の実現がまだ不完全なものでしかないとしても、この不完全さが終わって、完全な状態がいつかはやってくる、という幻想に従う以外、――もしもこの世がナンセンスでないというのなら、――それ以外の可能性は存在しません。

こんにち、こういう観点から主張されているすべては、――それが政治上、社会上のアジテーターが語るような一般的な問題であろうと、教育その他の分野での個別的な問題であろうと――そういうすべては、幻想なのです。そしてそもそもそういう幻想が生じるのは、物質界と超感覚的世界との関係に眼を向けようとはせず、イエス・キリストがなぜ「私の国はこの世のものではない」、といったのか、イエス・キリストがなぜこの世に完全な国を実現しようとしなかったのか、何も表象できないからにほかならないのです。

キリストは外なる物質界にある国を完全な国に創り変えたかったのだ、という考えは、福音書のどこにも見出せません。もちろんキリストはそんな幻想をもってはいませんでした。しかしキリストは、この「物質界に天国を実現しようとしない」代りに、この世に由来するのではないものを人びとに与えようとしました。すなわちこの世で働き続けながらも、この世のものではない、つまり物質界のものではない衝動を魂の中に浸透させようとしたのです。

ウィルソン主義

幻想は、こんにち地上のいたるところで人びとの心を支配しています。しかもその結果、不幸な状況を生じさせています。なぜなら幻想は、人びとが自由な存在であればあるほど、人びとの心を支配するようになるからです。明らかに物質の領域でのことであるなら、幻想が幻想にすぎないことはすぐに分かります。物質の領域でタイムマシーンを平気で発明してみせる愚か者であれば、すぐに幻想にふけっているのだ、と暴露されてしまいます。社会的、政治的な共同生活の大きな分野では、このことがすぐには暴露されません。

すでに何度もお話ししたことですが、まだ弱輩者だった頃、二二、三歳だった頃、大学での仲間のひとりが興奮のあまり顔をまっかにして、今画期的な大発明をした、と言って来たのです。「それはすごい。それで何を作ったの？」ときくと、「うん、でもすぐにラーティンガーのところへ行かなくちゃあ。彼に見てもらうんだ」、と言うのです。ラーティンガーは、ウィーン工業大学の機械工学の教授でした。彼はその教授のところへ行ってしまいました。しかしラーティンガーは忙しくて会えなかったので、彼は戻ってきて、行くのが遅すぎた、と言いました。私は言いました。「なら時間があるだろう。話してよ。」

彼はとても見事な発明をしたのです。ある種の蒸気機関を発明したのです。熱するのに、はじめごくわずかな石炭をくべるだけなのですが、そのあとはもう石炭をくべる必要がなく、持続して活動を維持させる構造になっていました。はじめに熱を加えさえすればいいのです。たしかにこれは画期的なことでした。きっと皆さんは、それならどうして今そうなっていないのか、不思議がられるでしょう。私は彼から全部話を聞いたあとで、こう言いました。「いいかい。とても考え方はいいけど、君のいっているのは、機関車の中に乗り込んで、機関車の中でその機関車を動かそうと押しているようなものだよ。君が外にいて、車を押すのなら、もちろん車は動くけど、君が中にいるかぎり、どんなに押しても無駄だと思うよ。」

彼の言っていることは、極めて論理的でした。だからとても考えぬかれていました。あらゆる可能な技術上の原理を使っているのですが、残念ながら実用的に考えられてはいなかったのです。だからどんなに立派な考え方をしていても、どんなに論理的に考えられていても、それだけでは役に立ちません。現実に即して考えるのでなければなりません。それで彼は結局ラーティンガーのところへ行くのをあきらめました。

物質の領域、機械の領域では、問題がすぐにはっきりします。しかし社会や政治の分野では、もしくはそもそも幸福な世界を実現するためには、すぐには問題が見えてきません。機関車と同じような問題が政治や社会の分野で生じると、人びとは眼をくらまされて、すぐに信じてしまいます。

問題はもっぱら次のことにあるのです。車の中に乗って、車を押そうとしているのかどうか、です。きっと将来、今の現状の根本性質を或る人物の名前で呼ぶようになるでしょう。なぜならこの名前は、まったく幻想的な思考、非現実的な思考を代表しているからです。きっと将来、「二〇世紀初頭のウィルソン主義」を問題にするようになるでしょう。なぜならウィルソン主義は、政治の分野で、車の中にいて車を押し動かそうとした若者とまったく同じ考え方をしているのですから。

ウィルソン主義を特徴づけているすべての基本概念は、こんにち多くの人に深い印象を与えています。しかしこれらの概念は、まったく非現実的なのです。たとえどんな理由でこんにちの人びとに大きな影響を及ぼしているとしてもです。いずれにせよ、これらの概念が大きな影響を及ぼしているのは、決して実現されることのないことを述べているからなのです。

もしもそれらの概念を現実に生かそうとしたら、すぐにそれらがゼロに等しいことが分かるでしょう。しかし人びとは、実現できる、と思っています。もしも私たちがウィルソン主義を実現したなら、世界全体に巨大な俗物根性をはびこらせてしまうでしょう。なぜなら今やウッドロー・ウィルソン〔アメリカ合衆国第二八代大統領。一八五六―一九二四年〕は、世間一般の俗物根性の世界救世主にまつり上げられているのですから。そういう俗物たちがウィルソンの望む世界の中でうまくやっていけるとは思いませんが、そしてそういう世界が来ることもないでしょうが、俗物たちは少くとも、こう思っているのです。――もしもウィルソン主義が世界を支配したなら、われわれの理想通りの世の中になるだろう、と。

未来の人はきっとこういうでしょう。――「二〇世紀初頭に奇妙な理想が掲げられた。どうすれば世界に小市民根性による完全な支配体制を作り出すことができるか、という理想である。」そのとき人びとはウィルソン主義を分析して、この小市民幻想が二〇世紀初頭の特徴であった、と述べるでしょう。

このように、現代の幻想的な思考の例は、小さな例も、大きな例も、いろいろとあるのです。そしてこんにち、今述べたような非現実的な思考や幻想に夢中になっているのは、世間離れした宗派ではなく、非常に普及した現世信仰の諸団体なのです。

だからこそ、今、重要な、決定的な真実を世の中に伝えなければなりません。しかしそういう真実は、これまでの世間に従った考え方とは一致しません。真実を受け容れるには、別の前提がなければなりません。今向き合うべき真実は、広範囲のグループの人びとにとって、心地よいものではないでしょう。どこか反撥したくなるようなものでしょう。人びとの好む真実は、人びとの通念にふさわしいものでなければならないのですから。

この連続講義では、そういう不愉快な真実を取り上げなければなりません。特に社会が必要としている真実は、高次の責任を伴って語らなければなりませんし、物質界だけに通用するものであってはなりません。なぜなら、物質界に関わる諸幻想と正面からぶつかり合うものでなければならないのですから。想像ではなく、現実に関わるものでなければならないのですから。

ユダヤ差別

実際こんにち、自分を非常に現実的な人間だと思っている人こそ、もっとも思い込みが激しい空想家なのです。その点で、いろいろ奇妙な発見をさせられます。別の小さな例をあげてみますと、最近、私のところに一種の事典が送られてきました。そこには著述家の名前が記されていました。そしてユダヤ主義に関わる著述家、ユダヤ主義の実現を目指す著述家の名前の中に、私の名前も入っていました。しかもその理由は、その文学事典の執筆者の考えによれば、私がイグナチウス・ロヨラと多くの類似点があるからだというのです。そしてイグナチウス・ロヨラはそのユダヤ主義によってイエズス会を創始したというのです。私の場合、それ以外にも、ドイツのスラブの境界地帯の出だから、という理由もあげられていました。私はたまたまそこで生まれましたが、その地方の出ではありません。なぜか分かりませんが、私がその地の出身であることは、私がユダヤ系の出であることを示している、というのです。こういうことは、特にめずらしいことではありません。こんにちでは、もっとおかしなことがいろいろあるのではないでしょうか。

しかしユダヤ主義の推進者の中に、ヘルマン・バール〔オーストリアの詩人。一八六三―一九三四年〕の名も入っていました。その本の頁をめくっていて眼に入ったのですが、彼は上オーストリアの出身で、ユダヤの血が入っている、ということは、まったく考えられません。それにも拘らず、この文学事典の中では、或る著名な文学史家がヘルマン・バールは無条件にユダヤの要素をもっていると述べている、という出典まであげています。

こういうことはめずらしくはありませんが、以前私がユダヤ人であると悪意をもっていわれたときは、私の洗礼証明書のコピーを写真にとりました。ヘルマン・バールもそういう証明をしなければなりませんでした。著名な文学史家から、ユダヤ人だという非難を加えられたのですから。ヘルマン・バールもそうしたのですが、そうしたらその文学史家はこういったそうです。――「そうですか。でもあなたの祖父はユダヤ人だったかも知れません。」

しかしヘルマン・バールの家系の中に上オーストリア・ドイツ人でないことを示すようなものは何もありません。もちろん、そうなったら、かの文学史家は大変なことになってしまいます（アドルフ・バルテルス『評論家と批判家』の著者こと）。しかし彼は自分の見解をひっこめませんでした。そしてこう言いはったのです。「もしヘルマン・バールが一二代遡ってまでユダヤの血が入っていないことを証明できたというのなら、私は輪廻転生を信じるしかない。」

皆さん、輪廻転生を信じる根拠は、この有名な文学史家の場合、こんなに奇妙な分野にあったのです。こんにちでは時には、有名人の発言さえにわかには信じられないのです。ただ残念なのは、広範囲の人びとにこういう事柄を知っていただくのが非常に難しいことです。なぜなら現代人は、権威など信じてはいない、といわれているにも拘らず、権威を簡単に信じてしまうのですから。

時には本能的に、真実から離れてしまう現代という時代には、物質界に直接接している「境界領域」に関わるような真実を受け容れるのが非常に難しいのです。なぜなら次回くわしく取り上げる「境界領域」では、人びとの健全な、そして汚されていない心情の在りように訴えかけるしかないのですから。

したがってどうしても伝えなければならない真実を伝えるとき、最大の、考えうるかぎり最大の困難が生じてしまうのです。それを受けとる人は、真実であるかどうかを判断するだけではなく、この真実を伝える人と共有することが求められているのですから。

物質界についての外的な情報を受けとるとき、その情報は人間の頭脳に一定の働きを及ぼします。しかし深みへ向う真実は、人間全体に、頭だけでなく、人間全体に働きかけるのです。だからこのような真実のためには、汚れていない心情がなければならないのです。

真実への意志

さて、こんにち、不健全で汚れた心情が到るところではばをきかせています。ですから今、真実を受け容れようとするのでしたら、自分の本能生活、衝動、魂のすべてに、まずしっかりと向き合わなければなりません。汚れた本能をもち、自分の生活状況を変えようとする意志をもとうとしない人間が真実を、限度を超えてまで、受け容れなければならなくなると、ただちにそのような真実に対して、まったく低俗な態度でのぞもうとするのです。すぐにそうなってしまうのです。

客観的な世界のなりゆきに何も関心をもとうとせず、自分に関わりのあることだけに関心を寄せるようだと、やがて心情がそこなわれていき、特に霊的な真実に対しては、ふさわしい本能をもってそれに対することができなくなってしまうのです。

現代科学が達成した物質界での真実を受け容れるのなら、場合によっては、人間を決定的に破滅させる事態にならないように、外なる自然が配慮してくれることも可能でしょう。外なる自然の要求には、誰も従わざるをえないのですから。そのときには、人間の本能だけで事柄を左右するわけにはいかなくなります。外なる自然に従うしかありません。

しかし物質界から超感覚的世界に入っていくと、この自然の「幼児用引きひも」は、もはや役に立ってくれません。別の指導に従わなければなりません。魂自身の内的なたしかさ、すなわち汚れていない心情だけが頼りになるのです。そうでないと、誰も手をかしてくれません。もはや自然も手をかしてくれず、社会習慣に従っているわけにもいきません。誰も手をかしてくれないのです。

突然、自分には何も規制がかかっていない、と感じます。しかし普通、私たちはその自由に耐えられません。例えば物質界では、多くの場合、嘘がつけません。夕方の六時頃に誰かが、今太陽が東の空から昇ってくる、といくら主張しても、すぐに自然そのものがその言葉の偽りを正してくれます。外なる物質界では、そういうことがいくらでもありますが、しかし高次の世界に関することになると、どんなナンセンスな主張も、外の世界がすぐにそれを否定してはくれません。

だから物質界での規制が失われると、人はすぐに、いいかげんな人間になってしまいかねないのです。

このことは非物質的世界についての真実を語るときの大きな困難のひとつです。しかしそのような真実が、まさに現在、求められているのです。けれどもこの真実は、外なる物質界についての真実に対するときと同じ心情の働きによっては受容できません。超感覚的な現実は、私たちがエーテル体とアストラル体を少し自由に、のびやかにしないと、魂の中に受容できません。そうしないと、ただ言葉を聞くだけのことになってしまいます。

のびやかなエーテル体とアストラル体の在りようが必要なのです。エーテル体とアストラル体をのびやかにすることは、霊界の真実を理解するための手段です。でもそうだからといって、それを自己目的にしてしまってはなりません。のびやかにすることを自己目的にしてしまったら、とてもこまったことになってしまいます。

極端な例をあげますと、誰かが神秘学の講義を聞くとき、霊界への洞察を獲得するにふさわしい態度を学ぶのではなく、それを特別の神秘体験であると受けとるだけだったとしたら、魂の中をエーテル体とアストラル体でいわば洪水状態にしたまま、その講義を聞くことになるでしょう。よく体験させられるのですが、まさに神秘学の、またはときには偽神秘学の講義を聞く人は、しばしばうとうとした恍惚感の中で聞こうとするのです。講義の内容に関心をもつのではなく、エーテル体とアストラル体がのびやかにされる心地よさのために講義を聞くのです。いわば受け身のあたたかさで聞くのです。別の生活状況においてなら、この「受け身のあたたかさ」はとてもよいことでありえます。しかし特定の霊的問題の開示を受けとるときには、自己目的になった、のびやかな心の在りようは、決して役に立ちません。

私たちはこのことを正しく理解しなければなりません。超感覚的な体験の真実を正しく理解して受け容れる人は、つまり具体的に、神秘体験を理解するために、概念の関連を追究する人は、こんにち、人類の進化と幸福のために必要な課題を共有しようとしているのです。

課題に正しく応えようとする人は、自分の本能、衝動を高貴にしようとします。霊的な真実を聞くことで、善なるものへ向って進んでいくのです。真実をこの意味で受容しようと望まない人は、つまり多分なんらかのまったく個人的な関心から、例えば或る協会が自分に役立ってくれるだろうとか、自慢したいとかいうように、はじめから個人的な関心をもって真実を受容しようとする人は、はじめはその真実が、低い本能を、多分もっとも低い本能を刺激し、挑発することに気がつくでしょう。

ですから本来そこに親和していないような人も、霊的な事柄を聞いて、もっとも低い種類の本能がくすぐられたように感じたとしても、不思議ではありません。このことは、現代では、――真実がまさに公開されるべきであり、誰も境界線を引くことなどできないのですから――、避けられないのです。

内的な正当性をふまえて、こういう運動に参加する人は、自分の目覚めた判断を働かせ、自分自身をきびしく問いつめていくことでしか、正しさに出会うことができません。そもそも協会に入会してから退会するまで、またはその後でも、個人的な関心しかもたない人は、その協会に属する資格がなかったのです。そもそも個人的な関心を客観的な認識への関心から区別することは、そんなに難しいことではない、と思うのですが。

しかしひたすら社会的な地位の向上が求められているような、こんにちの社会状況の中では、繰り返して低い本能に由来するあれこれのことが生じるのは、不思議なことではありません。私たちはそういうときに経験させられるさまざまな危険に対して、はっきりした意識をもって、完全に明るい意識をもって、立ち向わなければなりません。そしてそういう危険に対処しようとしなければなりません。

ドルナハ　一九一七年一〇月六日

外的出来事の霊的背景

境界領域

これまでの考察の中で、こんにちの人類にとって、外の出来事には霊的な背景がある、ということを知ることがどうしても必要だ、と申し上げました。

このことに積極的に向き合おうとしないなら、時代の流れの中で次々に起こってくるおそろしい事件の暴力によって、事件そのものを肯定するように強制されてしまうでしょう。

だからあらためて、こう問うことも必要です。――「一体どうして現代のこのような時代に、わざわざ心を苦しませるような現実に向き合う必要があるというのか。そもそもそういう現実は昔から存在していたし、人びとは、そういう真実に向き合わずにすむようにしてきたのではないのか？」

実際、人びとがパニックを起こさないでもすむように、という理由で真相はしばしば注意深く秘せられてきました。

現在こういう不安を感じている人びとの数は大きいのですが、そういう不安に乗じて、特定の人はもちろんこう言うでしょう。――「人類はなぜ、おそろしい真実を前にして、一種の睡眠状態を保っていてはいけないのだろうか。なぜ近年来、ますます神経過敏になってきた人類に、こんなにおそろしい現実をつきつけなければならないのか。」

この疑問に少しくこだわるために、ここであらかじめ意識しておきたいのは、「人類は今、後アトランティス期になってはじめて、霊界からの働きかけを別の仕方で受けとらなければならなくなった。それは一体どうしてなのか」という問題です。

これまでもたびたび述べてきましたが、私たちは今、私たちの物質的＝感覚的な世界と霊界との間のいわば境界領域にすぐにでも眼を向けなければならないのです。

私たちは、霊界とのこの境界領域に一歩足をふみ入れると、物質的＝感覚的世界とは様相が一変します。弱いまなざしでは見ることのできない本性たちが現れてきます。私はその様相を、概念として何度も取り上げてきました。ではなぜ、後アトランティス期において、これまで、この境界領域のことが隠され続けてきたのでしょうか。

なぜなら、霊界におけるこの境界領域には、多種多様な境界存在たちがいるのですが、その中にはこれまで一定の条件内でしか人間に知らされなかった存在たち、特定の使命をもっている存在たち、特に人間自身の進化のための使命をもっている存在たちがいるからなのです。

今日は、そういう存在の或るグループについてお話ししようと思います。宇宙との関連の中で人間の誕生と死に関わる使命をもった存在たちについてです。人間の誕生と死は、外的、感覚的に観察することができる、と思ってはなりません。

誕生と死の四大霊

人間が誕生によって霊界からこの物質界の中に入ってくる経過には、霊的な存在たちが関与しています。この存在たちのことを、「誕生と死の四大霊」〔四大霊は地水火風の四大を生命と結びつける働き。神智学の用語〕と呼ぶとすれば、これまで秘儀に参入した人たちは、他の人たちにこの誕生と死の四大霊のことに触れないことを最大の義務としてきました。なぜなら、この誕生と死の四大霊の働きについて語るとなると、これまでの後アトランティス期において意識を進化させてきた人間を大きな不安におとしいれるような領域について語ることになるからです。

別の言い方をするなら、まったき意識をもって誕生と死の四大霊の本性を知ったなら、人間の地上生活に敵対する霊的な働きを知ることになるのです。すでにこのことだけでも、正常な感受性をもった人にとっては、心をひどく不安にさせる真実といわざるをえません。なぜなら、人類と宇宙の進化を支配する神霊存在たちは、人間の誕生と死をこの地上界に生じさせるために、人びとがこの地上界での繁栄、幸福を願う、その願いのすべてにもともと敵対しているような四大霊たちを働かせなければならないのですから。

人間が心から願っていることのすべて、すなわちこの地上で楽しく幸せに生きていくこと、健康に朝目覚め、夜眠ること、元気で働くことができること、そういう楽しい人生が暮らせるように配慮する霊的存在たちだけがいたとしたら、誕生と死はそもそも存在しえなかったでしょう。

神々は、誕生と死を存在させるために、この地上で人間の平和と安寧を生じさせるすべてを破壊し、荒廃させようとする衝動を担っている本性たちの協力をも必要としているのです。

人間社会は、人びとが求めているように成り立っているのではなく、エジプトの秘儀で「鉄の必然」と呼ばれていた法則の下にあるのです。私たちはこのことをふまえて生きていかなければなりません。そしてこの鉄の必然の一部として、人間の誕生と死とを生じさせることができるように、物質的な世界経過に敵対する本性たちを神々は働かせているのです。

私たちの世界に直接境を接している霊的世界は、日日、時時刻刻、私たちの世界に関与しています。なぜなら地上では日日、時時刻刻、誕生と死の経過が生じているのですから。

そして私たちが境域の世界に足をふみ入れる瞬間に、人間の通常の物質世界に破壊的に作用しようとする存在たちの活発ないとなみの中に入っていくのです。

自分の本能、衝動、情熱に客観的に向き合えない人びとが自分の周りにこういう破壊的な本性たちのいることを知ったなら、すぐにこの破壊的な力を利用しようとするでしょう。神がみが誕生と死に際してこれらの本性を働かせるのと違って、物質生活の中でそうしようとしたでしょう。人間があれこれの分野で破壊的に働きかける喜びをもってしまったなら、この本性たちを自分のために役立たせる機会をいくらでも見つけることができるでしょう。実際、私たちはこの本性たちを簡単に自分の使用人にすることができるのです。通常の人生が誕生と死の四大霊の破壊的な衝動から護られているためには、この本性のことが秘せられていなければならなかったのです。

そこで疑問が生じます。それならこれからも黙っていた方がいいのではないのか？ そういうわけにはいきません。一定の理由があって、そうできないのです。大きな、重要な宇宙法則と関連する理由からそうできないのです。

この宇宙法則を皆さんに、一般的な概念によってではなく、現在と近未来とにおけるこの法則の具体的な現れ方によって説明してみましょう。

技術と産業と営利主義

比較的近年になってから、これまで存在しなかった文化衝動が、人類の進化の中に入ってきました。そして今その衝動は、現代文化にとって特徴的なものになっています。それほど遠くない過去の時代のことを考えてみて下さい。その頃は、まだ蒸気機関車は通っていませんでした。今日のように電気も普及していませんでした。せいぜいレオナルド・ダ・ヴィンチが思考の中で、または実験を通して、いつかは人工機械によって空を飛べるようになるだろうと思っていた時代でした。でもそうしたすべてが、比較的短期間のうちに現実のものになったのです。

考えてみて下さい。私たちはどれほど蒸気を使用し、電気を使用し、空中を飛行するために大気層を利用しているでしょう。

比較的短期間に人類の進化の中に入ってきたすべての文明の利器について考えてみて下さい。ダイナマイトその他の破壊する力の存在のことを考えてみて下さい。すべてが速度とエネルギーを志向しています。そして未来にはこの方向で、まったく途方もない技術が開発されていくことでしょう。皆さんも容易に想像できるでしょうが、近未来はそれによってどんどん人類の理想か、ら離れていくのです。ゲーテの願っていたことはますます遠く離れていき、エジソンの願っていたことがますます身近かになっていくでしょう。そしてそうなることが、今、現代人の理想になっているのです。

もちろん現代人は、こうしたすべて、電報、電話、蒸気機関などは、霊的な存在たちの介入なしに現実のものとなった、と信じています。しかしそんなことはありません。人間が理解していなくても、人類文化の進歩は、四大霊たちの協力の下に可能となったのです。近代の唯物主義的な人類が考えているように、人間は思考内容を脳からしぼり出して、電話や電報を発明したり、蒸気機械を駆使して大地を走りまわったり、農耕地を耕したりするのではありません。こういうやり方で人間が行なうすべては、四大霊の影響の下にあるのです。

四大霊はいたるところで人間と共に働き、協力しています。この分野における人間は、ひとりで行なうのではなく、導かれているのです。実験室、工房、特に発明発見する人たちには、四大の霊たちが霊感を与えているのです。

この四大霊たちは、一八世紀以来、人間の誕生と死に直接関与するようになっています。そしてこれこそが現代人が知っていなければならない秘密のひとつなのです。先程述べた「宇宙法則」に従って、はじめに神々が支配していた領域に、あとから人間がやって来て、四大霊と共に発明発見を繰り返しているのです。

古い時代の誕生と死の四大霊たちは、本質的に、神的、霊的な宇宙指導者たちの従者でしたが、私たちの時代から――といってもすでにその時代は始まっていますが――誕生と死の四大霊たちは技術と産業の、そして人間の営利活動の従者なのです。私たちはこの心を震撼させる事実をできるだけ強く、意識していなければなりません。

さて、第五後アトランティス期になってから、第四アトランティス期に生じたのと似た事柄が生じています〔アトランティス期、後アトランティス期については、『アカシャ年代記より』国書刊行会版を参照〕。私はこのアトランティス期のことに何度も言及してきましたが、当時、つまりアトランティス期の神的、霊的存在たちは、第四アトランティス文化期に、現在のように誕生と死のためだけでなく、地球の別のことのために働かなければならなかったのです。

当時の人間は、今よりはるかに肉体を自由に使用していました。肉体は魂の在りよう如何で、大きく成長することができましたし、こびとのままでいることもできました。外的な形姿は魂の在りように従っていました。このことをどうぞ思い出して下さい。

アトランティス時代が第四文化期にいたったとき、神々が以前、人間の成長と相貌を決めるために働かせていた四大霊たちを、人間が支配し働かせるようになりました。人間たちが神々の特定の力を、神々に代って行使するようになったのです。

その結果、アトランティス時代の中期から、個人の欲望の赴くままに、同胞たちに害を与えることができるようになりました。特定の人間が同胞たちに対して、子どものままに小さくしておいたり、逆に巨人にしたり、かしこい人間にしたり、愚か者にしたりしたのです。このことはアトランティス時代の中期に、おそるべき権力を特定の人間の手に委ねる結果を生じさせました。

以前それについては何度もお話ししましたので、皆さんもご承知だと思いますが、宇宙の法則に従って、以前はもっぱら神々の働きであったものが、人間の働きにならなければならなかったのです。

しかしこのことは、アトランティス時代の中で、大変な不幸を生じさせてしまったので、アトランティス文化全体が、最後の四文化期もしくは三文化期の間に必然的に没落へ向っていかざるをえなくなったのです。そのようにしてアトランティス大陸から私たちの文化が救い出されて、現在の地域に移されたのです。このことはありとあらゆる暴力行為を生じさせました。

似た状況の中で、今私たちの第五後アトランティス期は、後アトランティス文化期の没落のために力をつくしています。

私たちは今、技術と産業と営利主義の発端に立っています。これらの活動には誕生と死の四大霊が働きかけています。この働きかけは今後ますます強まり、ますます決定的な影響を行使するようになるでしょう。人類はその方向から身を護ることはできません。なぜなら文化は前進していかなければならないのですから。

私たちの時代の文化と未来の文化は、誕生と死の四大霊がこれまで誕生と死に際して働いたのと同じ力で、技術、産業、営利主義などの内部で働く文化にならざるをえなくなるのです。これまでのこの四大霊は、神がみの指導の下で、人間の肉体上の生成と消滅に際して働いてきたのですが、今後はますます技術、産業、営利主義のために働くようになるのです。

しかしこの変化は、或る非常に目立った特徴を伴っています。先ほどいいましたように、この四大霊たちはもともと人間の地上の幸せにとっては破壊的な態度をとっていますから、その態度は、技術、産業、営利主義の方向と完全に一致しているのです。ですからこういう方向へ向って前進していく文化は、本質的に物質界での人間の幸せに役立つことはありません。その本質上、この幸せをますます徹底的に破壊していくしかないのです。

こういう真実は、文明の偉大な進歩について長広舌をふるっている人たちにとっては、不愉快以外の何ものでもないでしょう。そういう人たちは、抽象的にしかものが考えられませんから、人類の進化の上昇する歩みと下降する歩みについてはまったく分かっていないのです。

アトランティス時代について皆さんにお話しした事柄がアトランティス時代の没落に導いて、別の人類を出現させたように、今始まっている営利中心の、産業的、技術的な文明は、地球紀の第五期を没落へ導くのです。そして、「今われわれは破局を必然的に生じさせる事柄に従事している」、と告白する人だけが、現実を直視しているのです。

これこそが鉄の必然の中に身をおく行為なのです。安易な態度をとりたがる人はこういうでしょう。――「だから私は電車には乗らない。」しかしそんなことはナンセンスです。なぜなら、何かを避けることが大事なのではなく、人類の歩みの鉄の必然をはっきりと見据えることが今求められているのですから。文明はいつでも、上昇線上を辿って進んでいくのではなく、打ち寄せては引いていく波のような在り方をしているのです。

しかし別のことも生じています。心情の在り方、世界観に関わる事柄が今、本質的に変化しているのです。

善と悪に関わる例をあげてみますと、まさに立派な人間であろうとするとき、自分のことは二の次にして、人のためになろうとするときの私たちは、もちろん道徳的であろうとしています。もちろん道徳的であろうとすることを否定するつもりはありませんが、でもそういうときの私たちは、ただ道徳的であろうとしているだけではないのです。

現代人の場合、大抵はこうなのです。――本当は道徳的であるかどうかは、かなりどうでもいいのです。心情の深い根底をさぐればです。はるかに大事なのは、自分は道徳的である、と思えることなのです。「私は無私な人間である、どんなことも自分中心に行なったりはしていない」、という気分にひたっていたいのです。「私は完全な人間である、情に篤い人間である、私はどんな権威にも頼っていない」、そういう気分にです。

もちろんそういうときの私たちは、あとでは自分に対していろいろ言いわけをするでしょうけれども、ともかく、いい気分でいたいのです。自分はあれこれの徳を積んでいる、と思えることが、徳を実際に身につけることよりも、無限に重要なのです。心が道徳で一杯になっている、と意識することの満足感、これが道徳そのものよりもずっと大事なのです。

このことが道徳に関わる秘密から私たちを遠ざけています。私たちは、本能的にそういう秘密のことを知ろうとしません。今述べたような満足感をもつために理想主義者であろうとしているので、こんにちでは、ありとあらゆる種類の理想が社会生活上取り上げられ、そのための綱領やマニフェストが作成されています。こういう事柄のすべては、立派なものでしょう。でも抽象的にいくら立派でも、どうということはありません。

私たちが学ばなければならないのは、現実に即して考えることです。道徳の問題についても、何が現実に即しているのかに注意する必要があるのです。善意、完全さ、道徳、正義、これらはみんな、外的な共同生活にとっては立派なことです。マニフェストに従って福祉と法の実現のために働こうとしている人は、それが何か絶対に正しいことであるかのように考えています。ですからこう言うのを当然だと思っているのです。——「完全になること、ますます完全になっていくこと、それがなんでいけないのか。ますます完全になっていくことを綱領にすること以上に理想的なことがあるのか。」

けれども現実の法則に即していえば、そんなことは間違いなのです。ますます完全になること、少くともなろうとすることは正しいことだし、よいことでもあります。けれども具体的に、完全さへ向けて努力していくと、しばらくすると、この完全さへの努力は逆転してしまうのです。

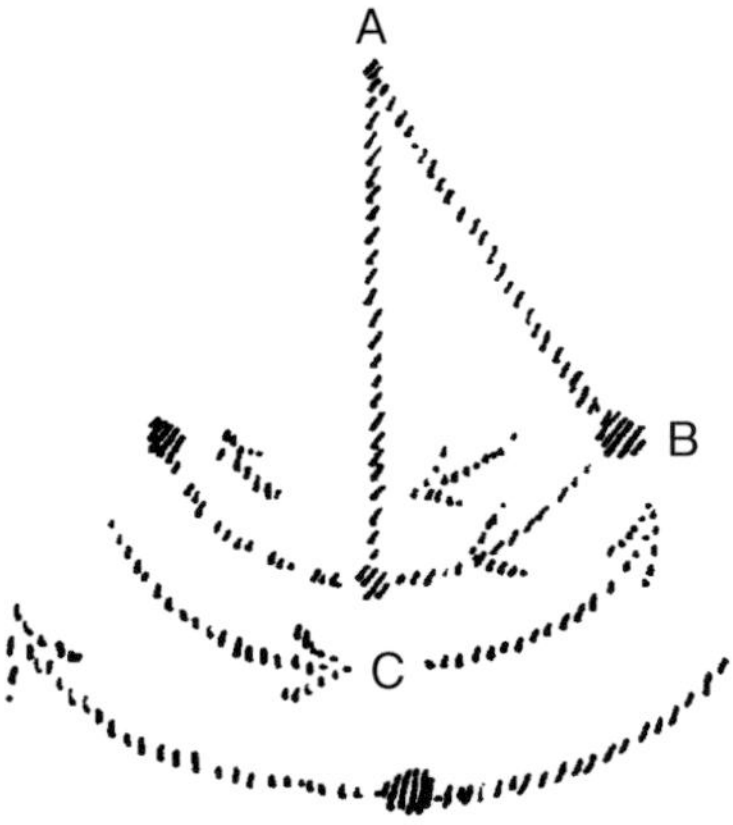

完全さへの努力は、しばらくすると逆転して、もっと不完全になるのです。政治家の厚情、好意は、しばらく経つと、偏見に充ちた態度に変ります。皆さんがどんな法を望もうと、それがどんなによいものであっても、それを実現しようとすると、時の経過の中で、それが不法行為になるのです。

この世界には絶対的なものなど何もありません。それが現実です。なんらかの善を求めて努力していくと、世の中の推移の中で、善が悪になるのです。ですから常に新しく、さらに新しく努力し、常に新しい課題に向って努力していくのでなければなりません。

大切なのは、このことをふまえて生きることです。人間のこういう努力の場合には、左右への振れがつきものなのです。人間のいとなみにとって一番よくないのは、絶対的な理想への信仰です。そういう理想は、世界の進化の歩みに矛盾しているのですから。

何かを表明するだけで、その何かを証明した気でいます。しかし私たちが何かを主張しようとする場合の手本となるのは、次のような自然科学上の概念です。ここに振り子を固定するとします（図のA点）。そして分銅をこう持ち上げて手を離しますと（図B点）、振り子は左右に振れて、ここ（図C点）に落ちつきます。この所で左右に揺れます。

なぜ振り子は左右に揺れるのでしょうか。なぜなら重力が振り子に作用するからです。振り子は下の方に落ちますが、下のところに来ても、そこで止まりません。慣性の法則に従って、反対の方向に揺れます。落下の力を受けて、もう一方へ揺れるのです。

完全なものにしようとか、何かをしてあげたいとかという思いを行為に移すときも、同じ仕方で反対の方へ揺れるのです。完全さが欠点の方へ振れるのです。好意は盲愛になり、正義はいつの間にか不正な行為になってしまうのです。

こんにちの人はこういう概念を好みません。考えてみて下さい。一定の理想に従って法人を設立する現代の誠実な市民に、次のような説明をするとするのです。――「今あなたが心に抱いている理想に従って社会を進歩させようとするとき、それほど遠くない将来、あなたはその理想とは正反対のことをやってしまうでしょう。」

実際、人間は理想主義者でないだけでなく、正真正銘の悪魔でもあるのです。どうして、人間の完全さへの努力がますます不完全なものに向うのでしょうか。どうして正義がずっと正義であり続けられないのでしょうか。一面的な抽象概念の代わりに、現実概念を働かせて社会を考えることが、現代人にとって、それが現代人の信頼している自然科学上の現実概念であっても、難しくなっているのです。

だから私たちは、このことをしっかりと見据えた上でなければ、先へ進めません。文明の発展が誕生と死の四大霊の餌じきになってしまうことを、破壊する要素が人類の進化の中に組み込まれていることを、しっかり心に刻みつけておかなければならないのです。

悪魔との出会い

こういう事柄に正しい立場をとることができるためにこそ、超感覚的世界の認識があるのです。なぜそうなるのでしょうか。なぜなら、この誕生と死の四大霊とは、アーリマンのことなのだからです。誕生と死のために、宇宙進化の鉄の必然からして、アーリマンの働きが必要なのです。第五後アトランティス期以降の文明に破局を生じさせるためには、アーリマンの力をまさに文明の発展の中へ導き入れなければならないのです。

人間はこの力を用いないわけにはいかないのです。ですから鉄の必然に従って、文明は破滅への道をこれから歩んでいくのですが、そのためには、アーリマンの働きが必要なのです。このことはおそろしい真実ですが、しかしそうなのです。そしてこの真実に対しては、そのことを知ること、はっきりとそのことを洞察すること以外は、なんの役にも立ちません。私たちはこれからも、このことを語っていくつもりです。そしてこの真実に正しい態度をとるにはどうしたらいいのか、これからも考えていこうと思います。

こういう必然の歩みについて、何人かの人は本能的にはっきり気づいています。例えば、現在いくつもすぐれた書物を著しているリカルダ・フーフ〔ドイツの女性作家。一八六四―一九四七年。小説『ルドルフ・ウルスロイの回想』、評論『ドイツ・ロマン派』など邦訳も出ていた〕の最新作『ルターの信仰』には、まったく注目に価する洞察が述べられています。この著書の冒頭の数章を読むと、注目すべき叫びに出会います。ルターの時代以後失われてしまった古代以来の見霊能力を、人びとはふたたび学びとらなければならない、という叫びにです。そしてリカルダ・フーフは現代の人間にとって緊急に必要なのは、悪魔と知り合うことだ、と述べているのです。彼女は、神と知り合うことをそれほどにまで必要だとは思っていません。現代の人間にとってもっとはるかに必要なのは、悪魔と知り合うことだというのです。

なぜこのことが必要なのでしょうか。リカルダ・フーフはその必要を本能的に感じとっています。この本の冒頭の数章における悪魔認識への緊迫した叫びは、現代人にとって非常に重要なことなのです。

リカルダ・フーフは、現実存在としての悪魔を知るべきだ、と感じています。彼女は、悪魔がしっぽとつのをもった姿で町の中を徘徊しているわけではないけれど、とつけ加えていますが、でも悪魔は実際に今、町の中を徘徊しているのです。「民衆は、たとえ襟をつかまれていても、悪魔に気がつかない」(ゲーテの『ファウスト』第一部「アウエルバッハの酒場」より)のです。

現代に対する健全な本能が、悪魔に対するこの叫びの根底に働いています。私たちは、鉄の必然が次なる時代のために要求していることの前で、眠り込んでいてはなりません。今実験室の中で、工房の中で、銀行の中で、私の姿で、いたるところで、悪魔の使いが人間に協力して働いているのです。その現実を前にして、眠り込んでいてはなりません。

私たちは文明の進歩のために、悪魔に協力せざるをえません。しかし悪魔のことを意識していなければなりません。例えば地下の金庫室の扉を開く瞬間に、その鍵の中にも悪魔がひそんでいることを知っていなければなりません。

リカルダ・フーフはこのことを本能的に知っていました。私たちもこのことをふまえて生きなければなりません。なぜなら悪魔と出会うことだけが、未来を正しく導いてくれるのですから。ますます力を強めていく悪魔の横を眠りながら通りすぎてはならない、と本能的に叫ぶ人がいるということ、すでにそのことだけでも、この上なく大きな意味があるのです。

ついでにお話しするのですが、天国にはひとりの女性がいました。悪魔の働きを天国の中に見出した女性です。私の考えでは、世の男たちはまだ、この現実を迷信だとして無視し続け、今のところ、ふたたびひとりの女性にまかせたままで、そのことを何とも思っていないのです。かつて天国でエヴァが悪魔と向き合ったように、リカルダ・フーフが今悪魔のことを訴えかけているのです。このことは、とても現代の男性の在りようをよく表していると思うのです。でもこのことは、ついでにお話ししただけです。

悪魔は、未来においても文明の担い手であり続けるに違いありません。このことはきびしい、そして重要な真実なのです。そしてこの真実は、文明の未来に破壊的な力が混入していることと深く関連しているのです。明日あらためてお話ししますが、この破壊的な力は、子どもの教育の中にも混入しているのです。現在の人間の情動、慣習の在り方に従えば、破壊的な力は、今後ますます私たちの社会生活全体の中に入ってきて、人間関係そのものをますます破壊していくでしょう。

今こそ人間は、キリストの言葉が現実のものとなるように、努力すべきなのです。すなわち、「私の名の下に二人の人が結ばれるとき、その二人の間に私がいる」（マタイ伝一八章二〇）という言葉がです。

しかし技術文明、営利主義は、この言葉をではなく、悪魔の言葉をますます現実のものにしています。すなわち、「私の名の下に二人もしくはもっと多くの人が喧嘩し、争い、戦い合おうとするとき、その人たちの間に私がいる」をです。

金髪の野獣

今日の結論として、最後に取りあえず言及しておきたいのですが、真実を受けとめる心情の働きに関していえば、現代の人間は、真実を受け容れるのがいやなのです。なぜなら、真実が直接超感覚的世界から人間のところへ働きかけているとは、まったく信じていないからです。

現代の人間は、真実はもっぱら自分の所有地に育つ、と信じています。そして二〇代になると、すでに自分の立場というものをもつのです。だから真実がどこかにあるなどと思う必要がないのです。真実が開示されなくても、自分の立場さえしっかり保っていられれば、それでいいのです。

リカルダ・フーフはこの点についても、見事な言葉を語っています。――われわれの現在の世界観には、そう言いかえたければ、いたるところでショーヴィニズム（排外主義）の中を漂っているわれわれの現在の世界観には、教養あるヨーロッパ人の場合、ニーチェ主義が先行している。けれども本来のニーチェ主義は、一切の祖国または一切の排外主義をはるかに超えて、崇高な主義だった。多くの人がニーチェの追従者になっていても、しかしニーチェは「金髪の野獣」〔『道徳の系譜学』第一論文一一参照〕という理想を明るみに出したのだ。人びとはそのことをあまり理解していないけれども。

そう述べたあと、リカルダ・フーフはこう続けるのです――かつて一度も「立派なモルモット」になる素質をもっていなかった人はみんな、ニーチェの意味で、「金髪の野獣」になっている、と。

実際、これがこんにちの市民なのです。「立派なモルモット」になる素質はもっていなくても、どこかで崇高な理想が提示されると、みんな「立派なモルモット」になりたがります。モルモットにならなら、何もしなくても、誰でもなれるのですから。自分を成長させる必要などないのです。私たちは「何ものかになろうとして、何ものかになる」、というプロセスには我慢できないのです。しかしそんなことでは、人間は人間の形をした孤独な原子になってしまいます。誰でもみんな、それぞれ自分の立場を守って、もはや相手の立場を理解できずにいるのです。

皆さん、もはや誰も相手を理解することができない、という気分の中にこそ、人間の社会秩序における破壊的な諸力が支配しているのです。そういう気分の中で、突然「立派なモルモット」が「金髪の野獣」になるのです。ニーチェの追従者として「金髪の野獣」であろうとする誘惑を人間に吹き込んだのは、悪魔でした。ニーチェの意味で「金髪の野獣」にもなれなかったとき、一九世紀の社会破壊の衝動から、二〇世紀になると、人間の形をした原子が生じたのです。このことについては、明日さらに話を続けようと思います。

ドルナハ　一九一七年一〇月七日

こころとからだの乖離

古代ギリシア人のこころとからだ

すでにお話ししたように、深い真実を洞察できるかどうかは、今の私たちの魂の在りようにかかっています。現代の思考習慣に従っていては、未来のための洞察に到ることができません。でも、そうは言っても、なぜできないのか、その理由をもっとはっきりさせなければなりません。そうしなければ、人間の尊厳にふさわしい仕方で、人類社会の進化のために今必要とされる衝動がもてないでしょうから。

これから申し上げることを理解していただくためには、前八世紀に始まり、一五世紀に終わる第四後アトランティス文化期における人間が、こんにちの第五後アトランティス文化期における人間とはまったく異なる仕方で、環境世界と向き合っていた、という事実から話を始めるのがいいと思います。

何度もお話ししたように、私たちは「進化」という現実と真剣に向き合わなければなりません。魂は、人が思っているよりもはるかに大きな変化をするのです。例えば古代ギリシア時代も現代も、人間の魂は同じ状態にある、と思ったら、それは現代人の思い込みにすぎません。今お話ししたいのは、そういう魂と環境世界との関係についてです。

安易な態度をとりたがる現代人はこういうでしょう。——「古代のギリシア人もローマ人も、周囲に感覚世界を知覚していた。われわれも周囲に感覚世界を知覚している。そこに本質的な違いなどない。」

しかし本質的な違いがあるのです。第五後アトランティス文化期のはじまりを生きている現代の人間は、環境世界を、例えば古代ギリシア人とまったく違った仕方で、知覚しているのです。古代ギリシア人は色を見ていましたし、音も聞いていました。しかし古代ギリシア人は、色を通して、霊的本性たちをも見ていたのです。そして霊的本性たちの方もまた、古代ギリシア人に色を通してみずからを告知していたのです。

私は『哲学の謎』の中で、ギリシア人のこの知覚を特徴づけようと試みました。近代の人間は思考内容を思考しますが、古代ギリシア人は、近代人のように思考内容を思考したのではなく、思考内容を直観したのです。思考内容は、環境世界の中で知覚されたものから働きかけてきたのです。

環境世界そのものが、赤かったり青かったりしただけでなく、赤や青は、見ている人に思考内容をも語ったのです。そしてその赤や青を見ている人は、その思考内容を考えたのです。赤や青は、環境世界との内密な関係を教えてくれただけでなく、感情をも与えてくれました。環境世界は霊的なものであり、自分はその霊的なものと結びついている、という強い感情をも与えてくれたのです。そしてさらにこのことは、第四後アトランティス文化期における人間の本質全体とも関連していたのです。

崩壊過程を辿る地球

『神秘学概論』から読みとっていただけるように、私たちは、地球紀の進化全体を、大きく時代ごとに七つに区分しています。第一期、第二期、第三のレムリア期、第四のアトランティス期、私たちの第五の後アトランティス期、そしてそれに続く更なる二つの時期にです。

地球も人間も、地球紀の過程で、アトランティス期に進化の中間点に達しました。それまでのすべては、成長過程にありましたが、このことは、アトランティス期以降には、もはやあてはまらないのです。地球環境についても、同じことがいえます。何度かお話ししたことがありますが、私たちがこんにち地上を歩くとき、太古の成長期におけるような、育っていくものではなく、何かぼろぼろに砕けたもの、崩壊しつつあるものの上を歩いているのです。アトランティス期以前の大地は、はるかに成長し、育ちつつある有機体でした。そしてその後大地は、裂け、ひびわれているような岩石を生じさせました。

このことを語るのは、現在、神秘学の立場だけではありません。現在の地球が裂けてひびわれ、そして崩壊に向っているということは、現代科学の立場に立つエドゥアルト・フォン・ジュースの偉大な著作『地球の顔』（三巻本　一八八五―一九〇九年）の中に見事な仕方で論じられています。ジュースのこの影響力の大きい著作は、岩石、地形、地層の現状や生態系の現状から、いわば地球の顔についての概観を与えています。科学によって明らかにされた諸事実だけから出発して、終末に向って崩壊過程を辿る現在の世界についての認識に到っています。

しかし崩壊しつつあるのは、無生物だけでなく、地上を生きるすべての生物もそうなのです。生物も下降過程を辿っています。基本的には、アトランティス期の中期からそういう方向に向ってきました。ただすべては、進化のある種の波の動きに従って進んでいますから、後アトランティス第四期であるギリシア＝ラテン期に、アトランティス期に生じたことの一種の繰り返しがあったのです。

古代ギリシア時代までは、人間が下降線を辿っているという確たる徴候は、まだ認められませんでした。何度も申し上げましたが、古代ギリシア人の魂は、からだと完全に調和していました。

そして心身の調和は、アトランティス期の中期にもっとも顕著に見られました。しかし古代ギリシア時代にも、この調和が繰り返されています。古代ギリシア人の心身全体の構造のことは、さまざまな機会に、特にギリシア芸術を取り上げたときに、申し上げましたが、ギリシア芸術は後世の諸民族の芸術とはまったく違った衝動から生じたのです。

例えば古代ギリシア人は自分の中のエーテル体の働きを、人体形成力として感じていましたから、今日の人のように、モデルを必要としていませんでした。自分の中に形態を感じていたのです。ギリシア時代までの人体と環境との間には、内密な関係がありました。それが第五後アトランティス期になってから変わったのです。

そう聞くと、奇妙だと思うでしょうが、本来、こんにちの私たちは、自分の身体組織を気づかってこの世にいるのではありません。もちろん私たちはまだ受肉しています。しかし自分の身体組織に配慮してそうしているのではありません。自分の身体組織が上昇する進化の中にあったのは、アトランティス期の中期まで、もしくはギリシア文化期まででした。それまでの人体は、この地球紀において可能な限り、完全だったのです。この時期よりももっと完全な人間の身体段階があるとしたら、それは木星紀にならなければ、見出だせないでしょう。

私たちが本来この地上に存在しているのは、下降線を辿る過程に従うためであり、ますます崩れていく身体の中に受肉することで、さまざまなことを体験し、経験するためなのです。こういう言い方は極端なようですが、私たちの魂の発達、内面の進化は、もはや以前と同じようには身体の中に入っていけなくしているのです。しかしこのことは、今後もいろいろな変化を伴うことでしょう。

しかし、この変化は何に基づいているのでしょうか。人間と環境との関係が以前に較べて別なものになったことに基づいているのです。環境は、こんにち人間に対して、人体がいわば新鮮であったときのようには語りかけてこないのです。環境の空間上の特性は、もはや霊性を提供してくれないのです。色はもはや霊に浸透された要素として語りかけてきませんし、音はもはや霊に浸透された要素として響いてはくれません。音は物質上の音響に留まっています。人間の魂がより内向きになったのです。現代の表面的な人間は、表面的でありながら、より内向きになったのです。でもこういうと、矛盾した言い方になりますよね。けれども現代人は、より内向きになったのです。

下降線を辿る人体

なぜかというと、表面的な人間が表面的なのは、魂が身体の中にいて、自分本来の内的な存在に達することができず、本来の自分に向き合おうとしていないからなのですが、それにも拘らず、現代人の場合は、魂がしっかりと身体の中に収まっていないので、外にもしっかり向き合わずにいるからなのです。魂はもはや、崩れている身体の中にすっかり入り込むという使命をもっていないのです。私たちの今の魂は、むしろ未来を準備するのにふさわしい魂なのです。

私たちはこの状況をよく知っていなければなりません。すでに私たちは、宇宙神の「私の国はこの世のものではない」という言葉にふさわしい存在になってきているのです。ただこの真実は、ゆっくりと、時間をかけて納得していくしかありません。私たちは本当に、外的な表面的な在り方をしているのに、ますますこの世のものではなくなっていくのです。

私たちはまだ当分の間は、環境世界が提供してくれるものの中に留まっています。言いかえれば、自分たちの身体の中に留まっています。けれども本来、生まれ変るたびごとに、ますます身体から離れていき、ますます身体の上を漂うようになるのです。

しかし、もしもそうでなかったら、人類の進化は良くない結果になってしまうでしょう。人類の行く先が古代ギリシア人のようなものであり続けたなら、人類の進化は不幸な結果に終わるしかないでしょう。なぜなら、こんにちはまだ奇妙に響くでしょうが、人類の進化の法則は、それほど遠くない未来に、多分すでに七千年紀には、地上のすべての女性は子どもを産まなくなる、という衝撃的な事実を示すでしょうから。身体の枯渇化、崩壊化はそこまでいくのです。

七千年紀には、地上のすべての女性は子を産まなくなるのです。考えて下さい。人間の心とからだの関係が持続していけば、人間はそもそも地上生活をいとなむことができなくなるのです。

女性たちがもはや子どもを産まなくなれば、地球紀が終わるずっと前に、地上に人間がいなくなります。人間は地球と新しい、別の関係をもたなければならなくなります。地球紀の最終期の人間は、そもそも肉体をもつのをあきらめなければならず、しかも地球上に存在し続けなければならないのです。

人間の存在そのものは、現代自然科学の一面的な概念に従って想定するときよりも、はるかに神秘的な在り方をしているのです。

この問題も、第四後アトランティス期の夕焼けと第五後アトランティス期の朝焼けの中で、本能的に感じとられました。すでに何人もの人が、私たちの時代の進化と関わりのあるこの事柄に言及しました。けれどもそういう人は、正しく理解されることがありませんでした。しばしば自分の語っていることを正しく自分で理解することも、なかったのです。どうぞアウグスティヌス、さらにカルヴァンの残酷とも思える教義のことを考えて下さい。或る人びとははじめから祝福された状態になるように定められ、別の人びとは呪われた状態になるように定められている、或る人びとは善なる存在になるように定められ、別の人びとは悪しき存在になるように定められている、というのです。

このような教義は、残酷に思えます。けれども、未来の、新しい、別の関係においては、決して間違っているとばかりはいえません。そもそも間違っているように見えるものの中には、ある種の相対的な正しさがあるものなのです。アウグスティヌスの時代とそれに続く数百年の間の人間認識は、そもそも人間の魂と霊との正しい関係を示していません。皆さんも御存知のように、人間の霊性は、コンスタンチノープルの公会議において否定されたのです。人間は、霊を与えられず、魂と体で地上をさまよう、迷える小羊だったのです。

これからこの点に関する問題を、できる限りはっきり申し上げようと思います。皆さんが誰かと出会うとします。アウグスティヌスの教義によれば、そのうちのひとりは善人に定められ、別のひとりは悪人に定められていることになります。しかしこのことは、その人の外なる身体に関わる問題であって、個性の問題ではないのです。

アウグスティヌスの時代は、個性の問題については、そもそも何も語られていませんでした。ですから私たちの前に何人かの人がいるとすると、私たちであれば、その一人ひとりに固有の魂があり、その魂がみずからの運命をそれぞれ作り出している、と思っています。

けれどもこの考えは、近代になってから意味をもつようになったのです。古代ギリシア人にとってはナンセンスだったでしょう。しかし現在の私たちは、運命があらかじめ神の意志によって定められている、というような考え方はしません。しかしあらかじめ定められている、という思いは、身体の中にはまだ生きているのです。身体は、善になるように、または悪になるように定められている、とまだ思っているのです。

地球の進化の中で、人間の魂の進化とからだの進化とは、完全に並行して進んでいくことが、ますますむずかしくなっています。ひとりの個性が悪になるように定められた身体に受肉することで悪人になることなど、もはやありません。なぜでしょうか。人間の個性は、たとえそういう身体の中であっても、善なる存在でありうるからです。個性はもはや、身体と内密な関連の中にはないのです。このことは、あまり愉快なことではありませんが、よく知っておくべき真理なのです。

つまり、人間の内面化がますます進んでいくに応じて、私たちがますます意識していなければならないのは、自分の本性と自分の身体との不一致ということです。

これまでもたびたびお話ししてきたように、人間はゆっくりとでなければ、事実の教えるところに従うことができないのに、現実は、すぐにでも従うように求めます。こんにち私たちは、外見に従って人を考察するときと、すぐに外からでは分からない何かに従って考察するときとでは、別のイメージをもちます。この二つのイメージは、こんにちすでに一致していません。将来ますます一致しなくなるでしょう。ですからこんにちの私たちに必要なのは、外の世界の示すものだけに頼るのではなく、内部から働きかけてくるものに従って判断することなのです。

このことは、未来においては、政治や社会の分野で不可欠になっていくでしょう。教育においてなら、なおさらです。

物質環境に由来する概念は、もはや人間の内なる求めに応じてはくれません。ですから現代の政治や社会の抱える諸問題に対する社会主義的な諸理論は、有効ではないのです。環境の中にあるものだけで判断することに馴れてしまうと、内からの霊感が受けとれなくなります。

私たちは、ウッドロー・ウィルソンが今作っているような綱領で満足できるような時代には、もはや生きていないのです。私たちの時代は、綱領が物質を超えた深みから作られることを求めているのです。こんにちの世界のために綱領が作られるときには、霊性が後見人になっていなければならないのです。

しかしこんにちの意識は、今私が申し上げたような内なる真実を、実際に意識して受け容れるところにまでは来ていません。

人びとは、手さぐりで進んでいきます。もうずっと前から新しい時代が来ているのに、人びとは、依然として古い時代の人間であるかのようにふるまおうとしています。

たしかに古代ギリシアの時代だったら、外と内との関係は、偉大な、調和したものでありえたでしょう。でもこんにち、古代ギリシア人のように判断するのは、ナンセンスです。なぜなら古代ギリシア人にとっては、環境が、内的に必要とするものを、なんでも与えてくれたのですから。

こんにちそういう環境は、もはや存在していないにも拘らず、多くの点で、こんにちの人びとの中に、人間を内的に判断することに対する反感が感じとれるのです。拒否的な態度がです。でも拒否は、恐怖のあらわれにすぎません。ただ外的なものに留まっていたいのです。ですから似たものばかりが目立っています。自分からはまだ何もできずにいたときの残りがです。

どうぞ公正な眼で見て下さい。とても興味深いことが見えてきますから。こんにち市民運動が到るところに見られます。私たちもそういう集まりをもったとします。そうしたら本来の霊性は、離れてしまいます。霊性がそこでは、もはや人びとの意識に宿っていません。すっかり内にこもっています。

そういう集まりの中で正当な頭を働かせるのは難しいのですが、ただ当人は、そのことに気づいていません。会合でも、一人ひとりの場合でも、時計の歯車のように、古い諸概念が自動的に動いているのです。つまり、眼に見える肉体の中で、古い概念が音を立てて自分を主張しているのです。そういう人びとは、同時代の新しい動きにはまったく興味を示しません。自動的に働く頭脳が、いろいろな仕方で、余韻を響かせているのです。そういう状況が折に触れて現れてくるのを見るのは、興味のあることです。

優生学の意味

以上のような関連で、一九一二年ロンドンで新しい学会が設立されました。優生学の学会です。「優生学」はそもそも人びとの魂からではなく、頭脳から現れました。この科学は一体、何を目指しているのでしょうか。優性遺伝の立場から、将来は健康な人類だけを生じさせようというのです。だから劣った人体を産まない方法を考えるのです。この学会では、国民経済学と人類学とを結びつけて、可能なかぎりすぐれた人間を生じさせる、男と女の結合の法則を見つけようというのです。

今の人たちは、すでにこんな問題さえ学問的に考えるようになっています。ダーウィンの息子も出席していたというこの学会の目的は、いろんな社会層の人びとを対象にして、富裕層の人たちの頭骨はどれくらい大きく、教養をもつ機会のない貧困層の頭骨はどれくらい大きいか、富裕層の人たちの感受性の豊かさはどれくらいで、貧困層の人たちの感受性はどれくらいか、富裕層の人たちが疲労したときの抵抗力はどれほどで、貧困層の人たちが疲労したときの抵抗力はどれほどか、などなどを研究することにあるのです。

このようにして人体の遺伝形質についての洞察をえようと努めて、いつか将来、優れた未来人が存在するようになったときの男はどんな姿であり、女はどんな姿であるのかを正確に知ろうとするのです。男はどの程度の忍耐力をもち、女はどの程度の忍耐力をもつべきなのか、そのためにはどれほどの大きさの頭骨でなければならないのか、などなどです。

以上のような問題意識は、魂を空にした頭脳でなければ、とてももてません。かつてアトランティス時代には意味があった思想の現代版なのかも知れませんが、アトランティス時代には、人びとの大きさ、成長その他を交配、生殖などを通してコントロールすることのできる法則が存在しました。アトランティス時代には、その意味での一種の優生学がありえたのですが、昨日言いましたように、アトランティス時代にその法則は濫用されて、没落の原因になりました。

遺伝に根ざしたアトランティス時代の科学は、次の事実を知っていました。すなわち、当時の男と女の違いは、こんにちよりも本質的に大きかったのですが、そういう男と女が結ばれたときに、どんな子どもが生まれるか分かっていました。ですからこんにちの人が植物に対して行なうように、好ましいと思える交配を行なったのです。

近いもの同士、そして遠いもの同士の交配と生殖に関しては、秘儀の体制が管理して、人びとを選別したり、禁制を定めたりしました。

しかしその一方で、アトランティス時代の人びとを通して、この上なくおそろしい黒魔術もまかり通っていたのです。秩序を取り戻すことができたのは、人びとを階級に分けて、不法行為を禁じるようになってからでした。

このようにして国民、民族が生じ、こんにちの意味での人種も形成されました。そして現代の国家問題も、アトランティス時代の身体中心の文化の余韻として、残っているのです。

こんにちの国家問題においても、取沙汰されているのは、物質に関わる問題だけです。内面生活に関わる問題は、まったく別世界のこととされています。ですからこんにちのいわゆる国家主権に関わるさまざまな内容空疎な長広舌と国家間の現実との間に、決定的な乖離が生じています。ですから解決に導かれることはありえません。

繰り返して言いますが、カオスの中に沈むことはあっても、解決に到ることはないのです。国家問題を政治問題にしようとするときには、です。そもそも国家問題は、もはや現代人の本質問題にはなりえません。なぜなら現代人の魂は、身体で表現されることとはまったく異なる秩序と関連の中で生きているのですから。

以上は私たちが本質的に意識していなければならない事柄です。

魂の存在しない頭脳の中のさわぎが、人間を特定の法則に従って形成しようとする現代の優生学研究を生じさせたのです。魂とは無縁な、乾ききった頭脳の中の使いふるされた発想のざわめきは、いろいろなところに見てとれます。例えば皆さんは、いろんな優れた人物が精神病理学の立場から説明されているのを御存知だと思います。こんにちでは、誰かがすぐれた詩を発表すると、すぐさま医者がやってきて、その詩人がどんな病気をもっているか説明するのです。

すでにいろいろとそういう論文が発表されています。「精神医学から見たヴィクトル・シェッフェル」、「精神医学から見たニーチェ」、「精神医学から見たゲーテ」、「精神医学から見たコンラート・フェルディナント・マイアー」などなどの論文です。

それらのどの論文からも、行間を読もうとすれば、著者がこう言おうとしているのを感じとることができます。――「この人物が適切な治療を受け、正しいときに恢復しなかったのは、残念だ。」

もしその人物が医療を受けて恢復していたなら、優れた作品を著したりはしなかったでしょう。例えばコンラート・フェルディナント・マイアーは病気のときにだけ詩作していたのです。こういう研究論文は、今の時代の特徴をよく示しています。人間の内面性にはまったく配慮しないのですから。

コンラート・フェルディナント・マイアーのような人物の場合、その外的な身体上の特徴は、あれこれの病気を示しています。しかしそのおかげで彼の内面性は、身体から独立して、芸術的に最高の霊性を現すことができたのです。

こう述べたからといって、医療に反対するつもりはまったくありません。医学の立場から見れば、もちろん病気を見つけて治療するのが当然です。それに反対するつもりはまったくありませんが、しかし医療の立場だけに立つと、次のようなやり方も可能になってしまいます。

福音書を取り上げ、その中に記されているいろいろな事柄から、イエス・キリストの個性が、特別の病気の合併症によって生じた、と説明することだって可能になるのです。実際そういう著作も出ています。デ・ローステン著『精神医療から見たイエス・キリスト』(一九〇五年)その他です。

現代を理解するためには、こういう事柄を実感できなければなりません。この関連で、特に教育問題にも言及しなければなりません。現代では、子どもを外観で測ることなどできないのですから。

こんにちの教育は、子どもの心の奥に引きこもっているものに対して、時折眼を向けるだけですませ、魂の問題を真剣に考えようとしないのです。ですから教師は、人間の真実にしっかりと向き合わないでもいられるのです。しかもその分だけ、多くの俗物根性を教育の中にはびこらせているのです。俗物根性は、真実の人間認識の対極です。なぜなら俗物は、正常な人間であることを好んで、そこから離れると、すぐに、正常ではない、と思うのですから。

憑依の条件

けれどもそういう立場に立つと、周囲の世界のことが理解できませんし、特に人間のことが理解できません。人間の個性に眼を向けることができるようになることこそが、私たちの大切な課題でなければならないのです。一人ひとりの個性は、人が考えるよりもはるかに、相互に異なっています。現代人のこころとからだは、もはや一致していないのです。だからこそ、現代人は本当に複雑な存在なのです。

考えてみて下さい。私たちが古代ギリシアに戻るとしたら、私たちのからだは、私たちのこころで充たされていた筈です。からだとこころは完全に重なっています。しかしこんにちでは、もはやそうなっていません。からだはある程度まで空になっています。

私は否定的な意味で現代人のからっぽな頭について語るつもりはありません。頭が空になっているのは、時代の進歩発展の結果なのですから。けれどもこの世界の中には、本当に空のものなど、何もありません。何かが空なだけで、その代わりに、何か別のものが、そこを充たしているのです。まったく空なものなど、どこにもないのです。

現代人は、こころをからだから引き離されたことによって、そのからだが自分のこころとは別のものに充たされる危険にさらされるのです。魂が霊的な叡智に由来する衝動を受けとろうとしなくなると、からだは悪霊の力に充たされてしまいます。からだが悪霊の力に、アーリマン的な力に充たされる、そういう状況に、今人類は遭遇しているのです。昨日未来の進化についてお話ししたことを思い出して下さい。そしてそのことに未来の人間が体験するであろうことを結びつけて下さい。未来の人間の外見がハンス・クンツという市民であったとしても、その人間の身体の中味が空虚だったので、強力なアーリマン的本性がその中に宿っていることがありうるのです。未来の人は、人間になったアーリマン的本性に出会うことになるでしょう。将来、人間であることが見かけにすぎなくなるかも知れません。個性は非常に、非常に内的な在りようをしているので、外観とはまったく違っているのです。

未来の人生は、そのように、とても複雑な在り方を示すでしょう。今自分がどんな人とつき合っているのか、分からなくなるようなことになるかも知れません。リカルダ・フーフが悪魔を感じたのは、これから生じるであろうことと無関係ではないのです。現代人が作る社会思想は、こんにちの複雑化した状況の中では、抽象的で粗野で愚劣です。人びとは現実を概念化したり、表象したりすることができなくなってしまったので、現在の戦争の中で、いやという程思い知らされているように、ますますどうしようもなく混沌の中にはまり込んでしまうのです。現在の混沌とした現実は、人びとが考え出す状況、頭で考え出す状況よりも、ずっと複雑で多様なのです。

今、私たちは、ひとつの決断を迫られています。世界をどう秩序づけたらいいのか分からずに、途方にくれて、このまま殺戮と撃ち合いを続けていくのか、それとも複雑化したこの状況から抜け出すための概念、表象を形成しようと真剣に試みるのか。

古い時代からうるさくつきまとって来た唯物主義に、今でもくっついていたい人たちの数は、これからますます多くなるでしょう。今は多分、まだそう多くはないでしょうけれども。

そういう人たちは、外的な考察だけを好んでいます。からだがアーリマンに占領されていたら、確実にそうなります。アーリマンは人びとの頭に、外的な空間関係に従って、概念、表象、行動を決めさせるだけでなく、外的な状況に従って、概念、表象を作り出させます。ただ、だまされてはいけません。今、私たちはひとつの大きな流れの前に立っています。コンスタンチノープルの公会議で、かつて個人の中の霊が否定されました。人間はからだと魂だけから成り立っている、と教義上決められ、人間の中の霊について語るのは異端だとされました。今同じように、今度は魂までもが否定されようとしているのです。

多分それほど遠くない将来、一九一二年に行なわれたときのような或る学術会議の席で、そもそも霊と魂のことを考えるのは、病的なことだ、と決められるような事態がやってくるかも知れません。そうしたら、からだについてしか語らない人たちだけが、健全だと見做されるでしょう。霊も魂も存在する、と考えるのは病気の徴候だ、と見做されるでしょう。病んでいなければ、そうは考えない、というのです。そういうときには、病気の徴候に対する治療薬も見つけ出されます。中世においては霊が否定されましたが、今や医薬の働きを借りて、魂も否定されるのです。人びとは「健全な立場」に立って、霊も魂も存在するなどと人体が考えなくなるような、しかもできるだけ早い時期から、できたら生まれたときから、そう考えずにいられるような、そういうワクチンを見つけ出すことでしょう。

このようにして、二つの世界観の流れが鋭く対立するでしょう。一方は、霊と魂の現実に見合った概念と表象を作ろうと思索します。もう一方は、現在の唯物主義者の後裔として、身体を「健康に保つ」ためのワクチンを作ろうとします。言いかえれば、身体が魂や霊のようなくだらない事柄についてではなく、機械の中に働いている力について、宇宙の中で惑星や恒星を生じさせている力について、語るようにさせるワクチンをです。そういうワクチンは、物質の研究によって生み出されます。そのようにして、人類から魂を排除することが唯物主義の医者の手に委ねられるのです。

IV

ミカエルと龍の戦い

霊主体従

ドルナハ　一九一七年一〇月一四日

一九世紀の霊的背景

新しい事態に立ち入るたびに、進化の基本となる諸事実を繰り返して想い起こすことは、とても大事なことです。そうするたびに、そういう諸事実が身近かに感じられるようになってくるのです。

これまでの考察においては、現在の大戦に伴う諸事件を理解できるようにするための考え方をいろいろ申し上げてきました。もちろんすべてを徹底的に掘り下げることはできませんでしたけれども、現代という時代の発展に光を当てることのできる一連の考え方を身につけることはできたと思います。私たちが問題にしてきた考え方は、新たな事件と向き合うたびごとに、基本となる諸事実をますます深く洞察できるようにしてくれるでしょう。

たびたび申し上げたように、一九世紀中葉、特に四〇年代は、ヨーロッパとアメリカの人びとの意識の進化にとっての重要な転換点でした。その当時、地上における唯物主義的な知性がその頂点に達しました。生きた現実ではなく、死せる現実の知的理解が頂点に達したのです。

現在の私たちはこの事実の影響下に立っています。これからも長い間そのような影響下に立ち続けるでしょう。けれどもこの事実の深い根拠は、霊界の経過の中に見出せるのです。そして今述べた事実がその外的、地上的な表現であるところの霊界の経過を洞察しようとするなら、その頃に始まった霊界における一種の戦いに眼を向けなければなりません。この戦いは、これまでもたびたび述べてきた一八七九年の秋という時点で一種の終結を見ました。霊界におけるこの戦いは、一九世紀の四〇年代から一八七九年の秋まで続きました。

このときの戦いは、現代の私たちの戦いとはまったく異質の、霊的存在たちの戦いでした。一方は大天使ミカエルとその眷族《けんぞく》たち、もう一方はアーリマンとその眷族たちでした。ですからこの戦いは、はじめは霊界での戦いでした。そしてこれまで私がお話ししてきたことのすべては、ミカエルとその眷族たち対アーリマンとその眷族たちとのこの戦いと結びついているのです。そしてまさに一九世紀の四〇年代に生まれた人びとの魂は、ミカエルとその眷族たち対アーリマンとその眷族たちとの間のこの戦いの第一段階を、まだ生まれる前の霊界の中で共に体験していたのです。

現代の生活を深く考察するためには、このことを生きいきと心に思い描くことが大切です。一九世紀の四〇年代に生まれた人たちの魂が、誕生以前にこの霊たちの戦いを共に見てきたこと、このことをよく考えてみると、こういう人たちの魂の在りようを、これまで以上によく理解できるようになるでしょう。この戦いは一九世紀の四〇年代、五〇年代、六〇年代、七〇年代と続き、そして一八七九年の秋に、ミカエルとその眷族たちがアーリマンとその眷族たちに対して勝利したことで結着を見たのです。

ミカエル神話の意味

一体このことにはどんな意味があるのでしょうか。皆さん、こういう事柄を正しく理解しようとするなら、ミカエルと龍との戦いという古くから伝えられてきた神話のイメージを助けに借りる必要があります。もちろんミカエルと龍の戦いというイメージは、人類史のさまざまな段階に現れています。そしてそれが現れるときはいつでも、一九世紀の四〇年代に現れるのと同じような状況が生じていたのです。その時どきで、その時どきのよきこと、悪しきことをめぐって生じたのです。

アーリマンとその眷族たちは常に世界史の進化のあれこれに新たに介入しようとしてきました。そしてその都度ミカエルによって打ち負かされました。龍、つまりアーリマンは、前にいいましたように、一八七九年秋に地上に追い落とされるまでは、霊界にいたのです。

しかし龍の軍団であるアーリマンとその眷族たちが人間界へ、天上から地上へ突き落とされたとは、一体どういう意味なのでしょうか。この戦いの成果とは、聖書に従っていえば、アーリマンたちがもはや天上に見出されず、その代りに人間界に、一人ひとりの人間の内部に見出せるようになったことです。つまり一九世紀の七〇年代の終わりに、人間の魂は、認識力に関して、アーリマン的な衝動に取り込まれたのです。このアーリマン的な衝動は、それ以前は霊界で働いていたので、人間を巻き込むところまではいきませんでした。ところがアーリマンたちは霊界から突き落とされて、人間界に、一人ひとりの中に侵入してきました。

そこでこう問うことができます。——霊界から人間の中へ入ってきたアーリマンたちとは、一体どんな存在なのだろうか。その存在は、人間的に色づけされて、今、一人ひとりの中に生きているアーリマン的、唯物主義的な世界観になったのです。

たしかに唯物主義の頂点は、一九世紀の四〇年代に見出されますが、当時の唯物主義は、より本能的な仕方で、人間の中に送り込まれました。当時のアーリマンとその眷族たちは、まだ霊界から人間の本能の中へ自分たちの衝動を送り込んでいました。一八七九年から、このアーリマン的な衝動は、人間の人格的特質に、特に認識力と意志力になったのです。

言いかえれば、一八七九年以降、人間界にこのアーリマンとその眷族たちがいることによって、世界を唯物主義的に解釈しようとする個人的な野心、個人的傾向が強く働くようになったのです。皆さんがあの時点以来、人間たちの個人的な傾向として、何が生じるようになったかを追求なさるなら、龍が、つまりアーリマンとその眷族たちが大天使ミカエルによって天上の霊界から地上界へ突き落とされたことの意味を理解なさるでしょう。

この経過は非常に大きな、まったく深刻な意味をもっています。一九世紀という時代は、そして私たちの時代も、霊界におけるこういう経過や物質界との関連に注意を向けるのにふさわしい時代ではありません。しかしこういう霊的な背景を知らなければ、地上の出来事の究極の理由、究極の衝動を知ることはできないのです。

例えば理想主義的に色づけされた唯物主義はこういう言い方をします。――「無数の有機成分の容器たちが戦争の続く中で死滅していくとしても、永遠に較べれば、どれほどのことがあるか。」こういう言い方がどれほどアーリマン主義に由来するものか、感じとることができなければなりません。こういう言い方、考え方は、感覚世界を出ていないのです。「有機成分の容器たち」の哲学者リヒテンベルガーのこの哲学は、アーリマン的思考方法を示す無数の例のひとつなのです。

一八七九年以降、多くの人の魂の中に生きている深刻な衝動は、それまでは霊界でのアーリマンの力として働いていたのです。そして今やその力が人間界に降りてきたのです。この事実を補強することのできる別の事実が、この経過の本質をもっと見通せるものにしてくれるでしょう。

非常に古い、太古の時代にも、一九世紀に生じたような、ミカエルと龍との戦いが生じました。この戦いは繰り返し、繰り返し生じてきたのですが、物質界でのその現れ方は、その都度違っていました。かつて太古の時代にアーリマンとその眷族たちが打ち負かされて、霊界から地上の世界へ追い落とされたときは、地上のすべての住民に、バクテリアがとりついたのです。バクテリアの働きは、かつてアーリマンとその眷族たちが天上から地上へ追放されたことの結果のひとつだったのです。そして一九世紀七〇年代末以降、アーリマン的＝メフィストフェレス的な考え方が地上を席巻したのも、同じひとつの結果なのです。ですから結核のような伝染病は、こんにちの知的唯物論として精神や魂にとりついているものと同じ由来をもっているのです。この二つ、唯物論と伝染病は、高次の意味では、まったく同じなのです。

私たちは、一九世紀のこの経過をさらに次の事象と比較することもできます。

『神秘学概論』に述べられている地球からの月の離脱のことを思い出して下さい。月は地球に属していました。月はかつて地球から分離したのです。その結果、月が外から作用するようになりました。この月の作用も、龍に対するミカエルの勝利の結果なのです。月令と並行して生じる月の作用、月から地球への働きかけのすべては、その起源をミカエルと龍との戦いの中に見ることができるのです。

現代のアーリマン主義、知的唯物論

実際、こういう出来事は互に関連しています。この関連に注目するのはとても大切なことです。なぜならこの関連はとても深刻な意味をもっているのですから。或る人たちはこの関連の結果、どうしようもなく知的な唯物主義に陥っています。知的唯物論は地球に入ってきたアーリマンとの個人的な結びつきの結果なのですから。

その人たちは、アーリマンから吹き込まれた衝動を、次第に愛するようになります。それどころか、その衝動が何か特別崇高な考え方であるかのように思いはじめるのです。私たちはこういう在りように対して、明らかな意識で向き合わなければなりません。明るい意識を失ったら、こういう事態に対応することができなくなります。大切なのは、状況をはっきりと把握することなのです。

こういうすべてに由来する危険を知るためには、冷静な眼と冷静な心が必要です。事態を冷静に直視できなければならないのです。そのためには、まさにこういうすべてに由来する危険が人びとをおびやかしていることを知らなければなりません。その危険とは、保持すべきでないものを保持しようとする危険です。

宇宙秩序の中で生じるもののすべてには、よい側面もあります。例えばミカエルに敗れたアーリマンとその眷族たちが私たちの中に入り込むことによって、私たちは人間的な自由の一片を獲得するのです。このようにすべてが互に関連し合っています。私たちは、アーリマンの群れが私たちの中に入り込んだことで、人間的な自由の一片を手に入れたのです。しかし私たちはこのことをよく意識していなければなりません。そしてアーリマンの力が私たちを支配してしまうのを許してはなりません。アーリマンの力の魅力にとりつかれてはならないのです。

このことは非常に重要です。なぜなら私たちが唯物主義であるアーリマン的思考方式にとりつかれる危険は、いつでも存在しているからです。この思考方式は、現代の精神的状況の中では、突出しているのです。このアーリマン的思考にとりつかれてしまった人は、霊界における龍に対するミカエルの勝利の結果として地上に現れた龍と、地上で同盟を結んでいるのです。言いかえれば、地球紀の霊的な進化に結びつくのではなく、物質的な進歩と結びつくのです。そういう人は、第六後アトランティス期のいつか、人類の微小な、顕微鏡的な敵であるバクテリアと一緒に生きるしかないでしょう。

以上の事柄には、なおもうひとつ別のこともつけ加えておかなければなりません。自然科学の思考方式は、必然的に、このアーリマン的思考方式に到らざるをえないのですから、道徳上の思考方式だけでなく、自然科学の思考方式も、このアーリマン的、唯物主義的な思考方式に到らざるをえない危険にさらされているのです。考えてみて下さい。或る自然科学者たちは、例えば地学の分野で、どんな考え方をしているでしょうか。地表の形成を追究し、個々の地層の中にどんな生物が生きていたかをしらべます。特定の時代の諸事実をしらべ、それによって、何千年、何万年、何百万年以前の地上のありさまを考え、ついには原星雲についてのカント＝ラプラス理論にまで到ります。

そのようにして自然科学者はまた、地球進化の未来像をも示します。それは物理学的な観点から、まったく正当な未来像であり、実に見事に考えぬかれた未来像なのですが、一体そのようなイメージの根拠は、どこに見出せるのでしょうか。自然科学者は自分が知ることのできるごくかぎられた時代の中で、地球の進化を考察し、そして数百万年以前、数百万年以後の地球像を作るのです。

そのときの自然科学者の態度は、あたかも或る子どもを七歳、八歳、九歳の間観察し、この期間に諸器官が次第にどのように変化しているかを見、そしてその観察結果である人体器官の三年間の変化を基準にして、その同じ器官が一五〇年後にどう変化しているかを推測するようなものなのです。その子どもが数百年前はどうであったか、一五〇年後はどうなっているかを計算し、推測するのです。この空想的な方法で厳密な地学の研究がなされ、太古の地球の状態を計測し、カント＝ラプラス理論を生み出したのです。人びとが今観察することのできる物理法則に従って、地球の成り立ちを思い描くのですが、しかしお分かりのように、この法則は人間の場合には有効ではありません。実際、子どもは数百年前はまだ身体を存在させていませんでしたし、一五〇年後も身体を存在させていないでしょうから。

地球という生命体と地学の計算する年代との間にも、同じことがいえます。地球は、チンダルやハクスレーやヘッケルその他の学者たちの計算する過去の時代には、まだ存在していませんでした。そして地球は、将来壁に塗った蛋白の明りで本が読めるようになるまでには、死体となっているでしょう。人びとがいつか物理的な手段で、ただ蛋白を壁に塗るだけで、蛋白が電気の照明のように輝き、それで新聞が読めるようになるであろう、と計算することは、きっとできるでしょう。けれどもそんな時代は決して来ないでしょう。ちょうど七歳から九歳までの間の胃や肝臓の変化をしらべて、それに見合った変化が、その子の一五〇歳のときに生じるであろうということが、決してありえないようにです。

現代ではいろいろな立場が対立し、ぶつかり合っているのです。今申し上げたような自然科学者たちでしたら、こういうでしょう。――「そんなことを言う奴はばかだ！」

しかし私たちはこう応じます。――「自然科学者の主張の方こそ、ばかとしか言いようがない。」

霊界からの働きかけ

実際、地球の発端と終末についてのすべての仮説は、非常に見事に組み立てられてはいますが、本当にばか、としか言いようがありません。でも人びとは知らず知らず、一定の方向へ導かれていくのです。

私たちは今、こういう事柄を、あらためて洞察しなければならない時代にきています。必要なのは、ひとつの考え方に、今日お話ししたような別の考え方を結びつけることです。唯物主義の考え方を変化させて、より霊的な生き方に到ることができるまでには、地球はすでに死体になっているかも知れません。その時には、私たちが身体に受肉することは不可能になっているのです。しかし唯物主義的な知性から離れたがらない人びとは、それでも地上に降りてきて、未来にふさわしい姿で生き続けようとするでしょう。しかしそのときの地上には、バクテリアや結核菌だけがうようようごめいているでしょう。これらの生きものだけが、地球という死体に巣くってうごめいているでしょう。現在の細菌たちは、未来の地球全体に生じるであろうことの予言者なのです。

こうしたことのすべては、私たちの時代の唯物主義的な知性に応じた道徳衝動の中で、有効に働いています。こんにちの人びとはあらゆることを「道徳衝動」であるといっているのですが、技術と産業と営利主義の中に取り込まれた道徳衝動のすべての中には、あのアーリマン的な力が働いているのです。この力は未来において、人間が自分の意志で自分を地上に拘束しようとする衝動となって働くのですから、こういう方向に注意を向ける必要があるのです。

特に今大切なのは、現在自明のこととされている自然法則を再検討することです。ある種の道徳的＝政治的な野心もまた自明のこととされています。その点では、私たちはみんなウィルソン主義者なのです。

私は、一九世紀の四〇年代における戦いの出発点を共有していた人びとは、まったく特別の事情にある、と申し上げました。その人たちは、そのあと地上に生まれてきました。私たちはそういう人たちの魂の迷い、戦いを理解できます。一九世紀の四〇年代から一九世紀後半へ、二〇世紀初頭へと続く時代を生きた人たちの魂の迷いと戦いをです。ひとつの現象がこのことと関連しています。しばしば見過ごされている現象です。

こんにちの人びとは、霊的存在は人間社会の秩序には何も干渉しない、と信じています。私たちは人間的な出来事の中に霊的な働きかけを見ることを好みません。けれどもこんにちの現実と戦っている人は、霊界からの霊的、魂的な働きかけが地上の人間に、こんにちでは特に強力に影響を及ぼしていることを知っています。なぜなら、しばしば夢により、もしくは夢に似たメッセージによって――いずれも霊的な現象なのです――あれこれの行為、あれこれの経過へ駆り立てられることがあるのですから。

ただそういう時、何が起こっているのか理解しているわけではありません。唯物主義的な立場が思っているよりもはるかにしばしば、こんにちの人びとは、そういう心的作用を受けているのです。

もし皆さんがこんにちのすぐれた詩を取り上げて、そのどれだけの詩が合理的な道の上で生じ、どれだけの詩が霊感によって、詩人が夢のようなものとして体験したかもしれない霊界からの働きかけによって生じたのかをしらべてみたら、きっとびっくりなさるでしょう。その大半の詩は、霊界からの直接的影響のもとに作られているのです。すぐれた詩人たちは、こんにちの人びとが思っているよりもはるかに多くの場合に、霊界の影響の下に立っているのです。そして同様に、人びとの重要な仕事の場合にも、霊界の直接的な影響が明らかに認められるのです。

「なぜこの新聞は新たに創刊されたのだろうか。」それを創刊した人物は、衝動を霊界から受けとって、そうしたのです。自分の衝動を皆さんに語る程に心を打ち明けてくれたなら、こういう夢を見たから、と話してくれるかも知れません。しばらく前に、私はまさにこの場所で、こう申し上げました。――「もしも歴史家がいつか、今次の戦争勃発について語り、そして古いランケその他の文献学的な手法で、この時代の経過を解釈するとしたら、まさにもっとも重要な事実を見逃してしまうだろう。なぜなら一九一四年に、まさにもっとも重要なことが霊界の影響によっ

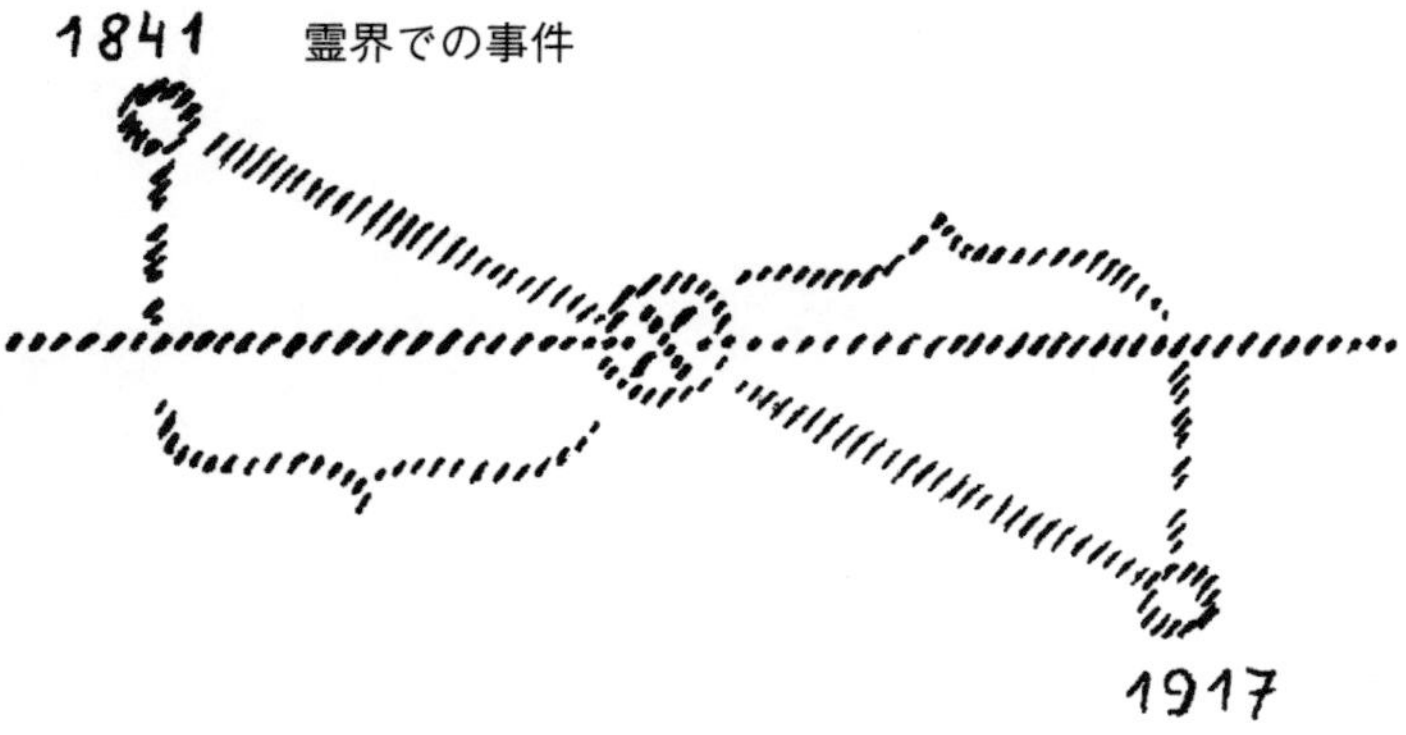

て生じたのだから。」

こういう影響は、周期的に生じます。この地上で生じることは、本来、いつでも霊界で生じたことの一種の投影であり、シルエットなのです。ただ霊界の出来事は、もっと前に生じます。図を見て下さい。この横線は境域を、霊界と物質界の境域を示しています。そして今申し上げたことが以下のように特徴づけられています。

霊界にミカエルと龍の戦いが生じます。それはまず霊界で生じます。その戦いは龍の拠点が天から地に移されたことで終わります。次いで地上で、その結果が現れます。つまり、龍が地上に拠点を移したことの結果が、ほぼ同じ時点に現れます。時間的に、ちょうどこの時点は、霊界の出来事のはじまりからと同じだけ離れているのです。

つまり、一九世紀におけるミカエルと龍の戦いのはじまりは、一八四一年でした。次いで一八四五年に特に活発に事態が進行しました。一八四五年から一八七九年まで三四年が経ち、一八七九年からさらに三四年が経過すると、地上でのその反映が出来事となります。それが一九一三年です。一九一四年の前の年です。このように、一九一三年に始まる地上界での出来事が霊界での戦いを惹き起こした諸原因の鏡像となって生じたのです。どうぞ一八四一年から一八七九年へ、一八七九年から一九一七年までを大きな流れとして受けとって下さい。一九世紀の決定的な年は、一八四一年でした。地上でのその鏡像が今私たちの生きている一九一七年なのです。

一八四一年に天上の霊界でアーリマンとその眷族たちによって始まったあの戦い、龍とミカエルとの戦いが始まった時点が、まさに今年の一九一七年に映し出されているのです。そのことをふまえれば、今生じているいろいろな出来事にただ困惑するだけではすまされなくなる筈です。地上の出来事が霊界で用意されていたのを知るときはじめて、地上の出来事を本当に理解できるようになるのです。

こう申し上げたからといって、皆さんを不安におとしいれたり、解きようのない難問を抱えさせたりするつもりではありません。ただはっきりと見通すこと、出来事を眠ってすごすのではなく、霊的な世界とこの世の世界との深い関連に眼を向けることだけが大切なのです。ですからまさに今年という年の意味に目覚めること、その意味で今年の出来事に注意を向けること、出来事を眠ってやり過ごしたりしないことが、大切なのです。

私たちの根本的な考え方の誤り

昨日は東ヨーロッパでの諸経過からどのような結論が引き出るかをお話ししましたが、この西ヨーロッパにおいて、外側からでも東ヨーロッパの魂を知ろうとするなら、その最上の手段は、ソロヴィエフの哲学を知ることから得られるでしょう。しかしそれだけでは東方の魂を十分に知ったことにはなりません。この数年、十数年のロシアの民族霊について、その使命、その本質について述べてきた私の講演や連続講義のことをどうぞ思い出して下さい。

哲学者ソロヴィエフは一九世紀から二〇世紀へ移行する一九〇〇年に世を去りました。ですからかなり以前になくなった人ですし、西ヨーロッパではこれまでソロヴィエフの哲学にあまり注意を向けてきませんでした。ソロヴィエフが東ヨーロッパを代表する哲学者であるとは思っていませんでした。せいぜいのところ、「哲学科の教授としては、ソロヴィエフのことをまったく知らないでいるわけにもいかない」、と或る有名な教授が数年前語ったことがある程度でした。

けれども私は今、彼の哲学をミカエル衝動として考察したいのです。つまり、ソロヴィエフが今日も生きていると仮定したなら、そしてこの度の戦争を共に体験し、ロシアの出来事を共に体験したなら、ソロヴィエフはロシア人として、何をしたでしょうか。

もちろんこういう仮定の質問には仮定でしか答えられませんが、しかし安んじてこう信じたいのです。——ソロヴィエフはロシア人として、自分が戦前に書いた著作をすべて廃棄してしまっただろう。そしてすべての問題を新たに書きなおしたであろう。なぜなら自分の考え方をすべて改革する必要を痛感しただろうから。

彼の考え方は常に時代の中に根を下ろしていましたから、彼はすべてを書き換えたいという衝動を感じたに違いありません。彼は東ヨーロッパ全土が引き出した結論を、自分の結論にしようとしたでしょう。こういう言い方は、矛盾しているように思えるでしょう。でも、こんにちあらためてソロヴィエフを読むと、彼が述べたようには、こんにちだったら、とても語れないだろうと思えるのです。

私たちはこの数年間、自分のもっとも基本的な考え方が間違っていたことを思い知らされました。ですから目覚めた人なら、そのこととは別に、時代に対する基本的な考え方をも根底からあらためなければならない、と思わずにはいられないのです。たしかに2×2が4であることには変わりありません。しかしその他の問題は、決定的に修正されなければならないのです。この改革の必然性を意識している人だけが、今の時代を目覚めた状態で生きることができるのです。

人類は、ちょうど一九一七年、一八七九年から三八年経った今、あらためて新しい問題を委託されました。一八七九年とは、一八四一年からちょうど三八年経った年のことです。実際、現在のいろいろな出来事の重要さは、一九一四年に始まった戦争によるのではなく、そういう長い歴史的背景の下に生じたことの結果がまさに今現れた、ということにあるのです。今現れた問題は、まさに私たちの時代の問題です。今の人は、古い考え方ではやっていかれません。そのためには新しい考え方が必要なのです。このことを見通すことのできない人は、間違った道をいくことになるでしょう。古い考え方で今の時代を切り抜けていけると思っている人は、みんな思い違いをしているのです。私たちは、霊界からのみ受けとることのできる新しい考え方を受け容れなければなりません。

私は今日、最近お話ししてきた事柄の背景に光を当てようとしました。私たちが霊的な生き方を具体的に理解しようとするのでしたら、汎神論のような考え方が好んでいるような、一般化した言い方で満足するわけにはいかないのです。霊界はあるとか、物質の背後には霊が働いている、とか、と言うだけではだめなのです。霊について漠然と語っても、なんの意味もありません。具体的に、境域の背後に存する霊的諸事象、霊的本性たちに眼を向けなければならないのです。

実際、この地での出来事が一般的な性質のものではなく、まったく特定の地域の出来事であるように、出来事は霊界でも具体的で特定の出来事なのです。朝起きるとき、抽象的に「私は今玄関から外へ出て、世間に向う」と思う人などいません。そんなふうには思わないで、もっと具体的なことを思い浮かべるでしょう。同じように、境域の背後の事柄についても、特定の事柄を具体的な仕方で思い浮かべるときはじめて、人類や宇宙の進化の深い根拠に向き合えるのです。一般的な霊的存在、善なるもの、神の摂理などではなく、特定の事柄に眼を向けるのでなければなりません。

先ほどの図の中の一八四一年と一九一七年という数に注意すると、多くの、とても多くのことが感じとれます。そして本来生じる事柄を理解しようとするとき、こういう感じとり方こそが私たちの中で生命力となるのです。

神話と科学

ドルナハ　一九一七年一〇月二〇日

実現する力のない理想の横行

現代には理想が何もない、とよくいわれます。反対なのです。現代には非常に非常に多くの理想があるのですが、ただそれらの理想には実現する力がないのです。なぜでしょうか。

おかしな例をあげますが、この例は問題の本質に触れています。どうぞ、めんどりが卵を産んだ、と考えて下さい。そのとき誰かがこの卵を取り上げ、あたため続ければ、やがてその卵からひよこを生じさせることができます。しかし例えば空気ポンプで空気を稀薄にした部屋の中でしたら、ひよこは生まれても生きていけません。ひよこが生まれてくる条件がすべてととのっていたとしても、ひよこがどんな場所におかれるか、という一点だけで、ひよこのいのちは左右されてしまいます。

こんにちしばしば語られるいろいろな理想にも、似たことが言えるのです。理想が美しい響きをもって語られたとしても、それが実際に価値ある理想であったとしても、現代という時代は、それを生かすのに必要な実際の諸条件のことには、あまり注意を向けようとしていません。ですから私たちは、あらかじめ、そういう現代の諸条件のことをよく知っていなければならないのです。

現代のさまざまな協会、結社の中で、あらゆる種類の理想が語られています。しかしそこから何が生み出されたでしょうか。二〇世紀初頭には本当に人類の理想を掲げた協会、結社が数多く存在していました。一九一五年、一六年、一七年の三年間に、それらの理想は、一体どこへ行ってしまったのでしょうか。可能なのは、ただ戦時中という今の現実の中で、この連続講義で取り上げてきた問題を学びとることだけなのです。

先回、この前の日曜日に、これまでの数十年間、精神的にどんな進展があったかについてお話しいたしました。そして、物質界で生じたことは霊界において長い間準備されていたということに注意を向けるように、と申し上げました。そのときは、具体的に例を挙げて、一九世紀の四〇年代に、物質界に隣接する霊界領域にひとつの戦いが始まった、と申し上げました。それは聖ミカエルと龍との戦いという古くからの象徴によって表現されている戦いのひとつでした。この戦いは、霊界において一八七九年の一一月まで続いた、とも申し上げました。一八七九年一一月以降、霊界においては、ミカエル側が勝利し、そして龍、つまりアーリマン側の勢力は、人間界へ突き落とされたのです。この勢力は、今どうしているのでしょうか。

アーリマン側の勢力は、ですから一八四一年から一八七九年まで、霊界で決戦をいどみ、一八七九年に霊界から人間界へ追い落とされたのですが、そのときからこの勢力は、特に私たちが今生きているこの時代の一人ひとりの人間の思考と感情と意志の中で力をふるうようになったのです。

ですからどうぞ意識して下さい。現代の私たちの思考と感情と意志は、限りなくアーリマン勢力の影響を受けているのです。霊界と物質界との関連の中でのこのような出来事は、私たちの宇宙秩序全体に関わる出来事です。そしてこういう出来事を知るには、できるだけ具体的に考えなければなりません。

私たちが抽象的な態度に終始して、「人間はアーリマンを克服しなければならない」、というだけでは、なんの役にも立ちません。現代人は、もちろん私たちも、自分たちがどんな霊的環境の中に生きているのか、予感さえもっていないのです。ですから私たちはなおさら、こんにちの霊的な状況の深刻な意味を、はっきりと見て取らなければなりません。

どうぞ考えてみて下さい。私たちは人智学協会員としてこういう事柄を聞き、知識としてではなく、思考と感情と意志のすべてでこの問題と取り組もうとしているのですから、私たちにとってこの事柄は、まったく真剣に向き合うべき問題です。現代という謎に充ちた、いかがわしいところのある、混乱した時代にあって、私たちはできる限りの感情の力で、この霊的、物質的な状況をひとつの課題として受けとらなければならないのです。

例えばどこかに何人かの人がいたとします。そしてこの人たちはいつしか親しくなり、友情を深めていきます。この人たちが今述べたようなミカエルと龍との戦いを知っていたとしましょう。一方大抵の人たちは、そういうことを実感することなくすごしています。そこで、このグループの人たちがなんらかの深い衝動に駆られて、なんらかのことをやろうと決心したとします。互に相手の存在を必要としているこの数人のグループは、たとえそういう相互関係を特に意識していなくても、互にとても強く結束し合えるのです。その結束は、そういう人間関係に無頓着な人たちの場合にも、まったく強力でありうるのです。

秘密結社の影

すでに一八世紀の頃に、そのようなグループが形成されていました。そしてこんにちでも、そのグループは存在し続けています。このグループの人たちは、一九世紀から二〇世紀にかけて生じているあのミカエルと龍の戦いのことを知っていました。ところが、すでに一八世紀に、このグループの人たちは、このグループに有利になるような意図を実現するために、非常に組織的な仕方で活動を始めていました。

こんにちの人びとは、大抵の場合、何も考えずに眠ってすごしていますから、すぐ隣で或るグループの人たちが何をやっているのか、まったく気がついていません。この点でまさに今の時代には多くの幻想が支配しているのです。考えて下さい。もちろんそういう人たちはこういうでしょう。――「私たちの交流が何だというのですか。愛好団体にすぎませんよ。昔からあるような集まりのひとつです。」

こういうグループについて言われていることを、どうぞ思い返して下さい。大切なのは、個々の事実を、有意味な仕方で考察することです。そうすれば、現代という時代が、この点でまったく注目すべき特徴を現わしていることに気がつきます。ここで別の実例をあげておきたいのですが、例えば私たちは、こんにちのさまざまな出来事が、よく事情を知っている筈のジャーナリズムによって一般大衆に報道されている、と思っているのではないでしょうか。例えばこんにち本当に重要な、深刻な、エポックメイキングな書物が出版されているのを知らずにいるなどということがある、と思えるでしょうか。大切な書物なら、なんらかの仕方で、その存在を知らされるだろう、と思っています。

さて、一九世紀の後半期に、こんにち敬意をもって「ジャーナリズム」と呼ばれている仕事が、まさに今あるとおりのものになりはじめました。それにも拘らず、中部ヨーロッパ全体にとってシュピールハーゲン、グスタフ・フライターク、パウル・ハイゼのような著名な文筆家のすべての作品よりも、もっとエポックメイキングで、もっと深い内容をもった著作があったのです。すなわち、ヴィルヘルム・ヴェーバー（一八一三―九四年）の『一三本のぼだい樹』（一八七八年）です。この本ほどに多くの読者を魅了した作品は他にありませんでした。

そこで、お聞きしたいのですが、ここにいらっしゃる皆さんの中で、ヴェーバーの『一三本のぼだい樹』という本があることを知っている方は、どれくらいいらっしゃるでしょうか。

こんにちでも、いろいろなジャーナリズムの活動にも拘らず、人びとは隣合って別々に生きているのです。この『一三本のぼだい樹』の中には、見事な文学的な言語で、深刻な諸理念が具体的な仕方で表現されているのですが、その諸理念は、こんにちでは数千、数万の人びとの心の中に生きているのです。

こんなことを申し上げたのは、深刻な事態がすぐそばで生じていることを何も知らずにいることがある、という例を出してみたかったからです。この会場に『一三本のぼだい樹』を読んでいない人がいることは、当然です。皆さんの友人の中にも、読んでいない人が当然いるでしょう。同様に『一三本のぼだい樹』を読んだことのある友人も三、四人はいるでしょう。しかし親しい者同士の間でも、重要な事柄について話し合うことがあまりないので、そのことが人と人との間を分け隔ててしまうことがあるのです。そばにいる人同士でさえ、重要な事柄についても口に出して言わないことがよくあります。こういう小さな事柄——実際、今述べた本は、世界史の発展の中では小さな事柄です——こういう小さな事柄について言えることが、大きな事柄についても言えるのです。そうして世間の中で、人類の大部分の人には知らされていない大切な事柄が隠れたまま進行していくのです。

一八世紀において、ひとつの結社が特定の思想、考え方の下に秘密に作られました。その考え方は、その後人びとの心の中に巣くい、結社の望む分野で勢いをえ、そして社会生活にも影響して、人間関係をも支配するようになりました。人びとは自分の心情、感情、意志衝動の中に生きている事柄が何に由来するのかを知らずにいます。しかし進化の関連を知ることができれば、衝動や心情がどのように生み出されるのか、見通すことができるのです。

今述べたこの書物そのものではなくても、この書物の根底に存する理念は、一八世紀のこのような結社に由来するのです。そしてこの本の中では、アーリマン的本性がさまざまな動物にどんな関わりをもっているかについても述べられていました。もちろんアーリマン的本性とはいわず、悪魔と呼んでいました。個々の動物種の中で悪魔的なものが、どんな特徴を示しているかについて述べていました。

一八世紀には、特に啓蒙思潮が栄えました。こんにちでも啓蒙思潮はさかんですから、ジャーナリズム出身の賢明な人たちは、こんな冗談話でお茶をにごしています。——「またまた、動物こそが悪魔なのだ、と主張する本が出版された。」

こういう一八世紀の考え方は、こんにちでも多くの人の心の中にすみついて、人類の進化の法則を考えるときに、大きな影響を与えています。実際、一九世紀になってダーウィンの進化論が登場するようになると、人間が次第に動物から進化してきた、という考え方を多数の人が受け容れるようになりましたが、その一方で別の多数の人は、動物は悪魔である、と考え続け、この二つの考え方が注目すべき仕方で結びつくようになるのです。

その結果、いろんな問題が進化との関連で論じられるようになりました。ただそれらの中には、本当に有効な思想の力はめったに含まれていないのです。忘れてはならないのは、次のことです。——生きものは空気の中でしか生きられず、真空の中では生きられません。同様に理念や理想が生きられるのは、人間が精神生活の生まなましい雰囲気の中に身をひたしているときだけなのです。つまり精神生活の真の力が私たちを包んでいなければならないのです。けれどもこんにちの人は、一般的なこと、どこでも通用することを好み、一般化したもの言いを好んでいますから、いくら私が強調しても、アーリマンの働きが一八七九年以降、霊界から人間界へ降りてこなければならなかったという事実は、すぐに無視されてしまいます。

今は、アーリマンの方が人間の知性、人間の思考、感情、観察の中に浸透せざるをえない状況にあるのです。私たちが安易に、抽象的な言い方で、「アーリマンの力を克服しなければならい」、といくら繰り返したとしても、この力に正しく向き合うことにはならないのです。一体どうやってアーリマンの力を克服するというのでしょうか。そういう抽象的な言い方に終始している人の態度は、ストーブに薪をくべて、火を焚こうとせず、ただあたたまりたいのだ、とストーブに文句をいうようなものです。

アーリマンとの共生

私たちが今心得ておくべきなのは、アーリマンの勢力が地上に降りて来た以上は、この勢力と共に生きなければならず、この勢力の前で眼をつぶっていてはならない、ということです。もしも私たちがアーリマンの前で眼をつぶっていたら、その勢力は最強の力を発揮するでしょう。アーリマンのことに無関心であること、そんなことは知りたくないと思うこと、それが私たちの知性に働きかけるアーリマンの勢力を強力にしてしまうのです。

自然科学だけでいい、自然法則から社会法則も導き出せる、という考え方が大勢の人びとの心に浸透していったなら、いわゆる感覚的な現実だけに注目して、霊的な働きを無視してしまうなら、アーリマン的な勢力を最高に力づけることになるでしょう。なぜなら誰もアーリマン的な勢力のことに気づかなくなるのですから。

そうなったら、ヘッケルの意味での一元論信仰が普及し、アーリマン的な勢力は最上の働き場を手に入れたことになります。アーリマン的な勢力にとって一番都合のいいのは、誰も人間が自分たちの存在に気づかず、人間の無意識の中で思う存分働けることなのですから。

アーリマン的な勢力にとってありがたいのは、自然科学信仰が普及することです。ダーヴィト・フリードリヒ・シュトラウスの理想が実現されたなら、こんにちのアーリマン的な勢力は、今よりもはるかに楽に仕事ができるでしょう。このことを感じとったニーチェは、『信奉者にして著述家であるダーヴィト・フリードリヒ・シュトラウス』を書いたのです。

しかしこのことは、アーリマン的な勢力を有力にするひとつの側面にすぎません。アーリマン的な勢力は別の仕方によっても非常に元気になります。それは人びとが現代人の間に見られる特徴、霊的生活に対する偏見、無知、恐怖という三つの要素を普及させることによってです。霊的生活に対する偏見、無知、恐怖以上にアーリマン的な勢力を元気づけるものはありません。

どうぞ皆さん、周囲を見廻してみて下さい。どれほど多くの人がこんにち霊的な働きに対する偏見、無知、恐怖をひろめようとしていることでしょう。昨日の公開講演で申し上げたのですが、カトリック教会がコペルニクス、ガリレオその他を断罪する教令を撤回したのは、一八二二年のことでした。一八二二年までのカトリック信者は、コペルニクスの世界観を研究することさえ許されていませんでした。こういう世界観について無知であることが求められていたのです。このことはアーリマン的な勢力に協力することだったのです。一八四一年に始まる戦いのためにアーリマン的な勢力にとても助けになってくれたのです。

今述べた問題を完全なものにするには、もうひとつ別の問題についても申し上げなければならないのですが、こういう事柄に本当に通じた人なら、こんにちはまだこのもうひとつの問題には言及できないのです。しかしこういう問題の地下に何があるのか感じとって下さるなら、多分皆さんは私のいわんとしていることをご自分で予想して下さるでしょう。

自然科学的世界観は、純粋にアーリマン的な事柄に由来します。ですからこのことを知っていなければ、この世界観を克服することはできません。大切なのは、アーリマンに由来する、ということを可能なかぎりよく知ることなのです。その自然科学を、無視したり、よく知らないで克服しようとしたりしますと、アーリマンのために力をかすことになってしまいます。自然科学的世界観の本質を洞察しないで、ただ批判することに終始する人は、アーリマンを克服するのではなく、アーリマンを元気づけるのです。なぜならその人は、まさに光で照らし出さなければならない分野を曇らせ、晦《くら》ましているのですから。

過去学と未来学

人びとは次第に、どんな事柄も二つの側面をもっていることを悟るようになるに違いありません。現代人は利巧です。途方もなく利巧なのです。だから第四後アトランティス期に当るギリシア＝ローマ文化期の人が鳥の飛び方や動物の内臓やその他の何かから未来を予知できるという迷信にふけっていた、と思っています。そんなことをやる人間は、もちろん愚かだったというのです。

こういう事柄をばかにする現代人は、本当はどうだったのか、何も分かっていないのです。しばらく前にお話ししたことですが、夢が正夢だったことが分かっても、偶然当っただけだ、といってすます人が多いのです。けれども第四後アトランティス期の根本条件に従うなら、未来学とでもいうべき学問が実際に存在する筈だったのです。当時の人は、こんにち通用しているような根本命題で社会の未来を決定できるなどとは信じていませんでした。当時は一定の未来学があったのです。もしもそうでなかったら、こんにちの人が承認しようがしまいが、時代をはるかに超えた壮大な社会展望がもてた筈はありません。いいですか。こんにちの人びとは、社会や政治の分野では、今でも依然として、古い未来学に由来するもので食いつないでいるのですよ。

けれどもこの未来学は、外の世界を観察することだけでは成果をあげることができません。自然科学の手本に従っているだけでは、決して成果をあげることができないのです。実際、外の世界を感覚によって観察しようというのは、過去学なのです。そこで今、私は皆さんに、非常に重要な、非常に本質的な宇宙法則があることを打ち明けようと思います。もしも皆さんが世界を、近代自然科学が行なっているように、もっぱら感覚だけで観察しているなら、今も継続している

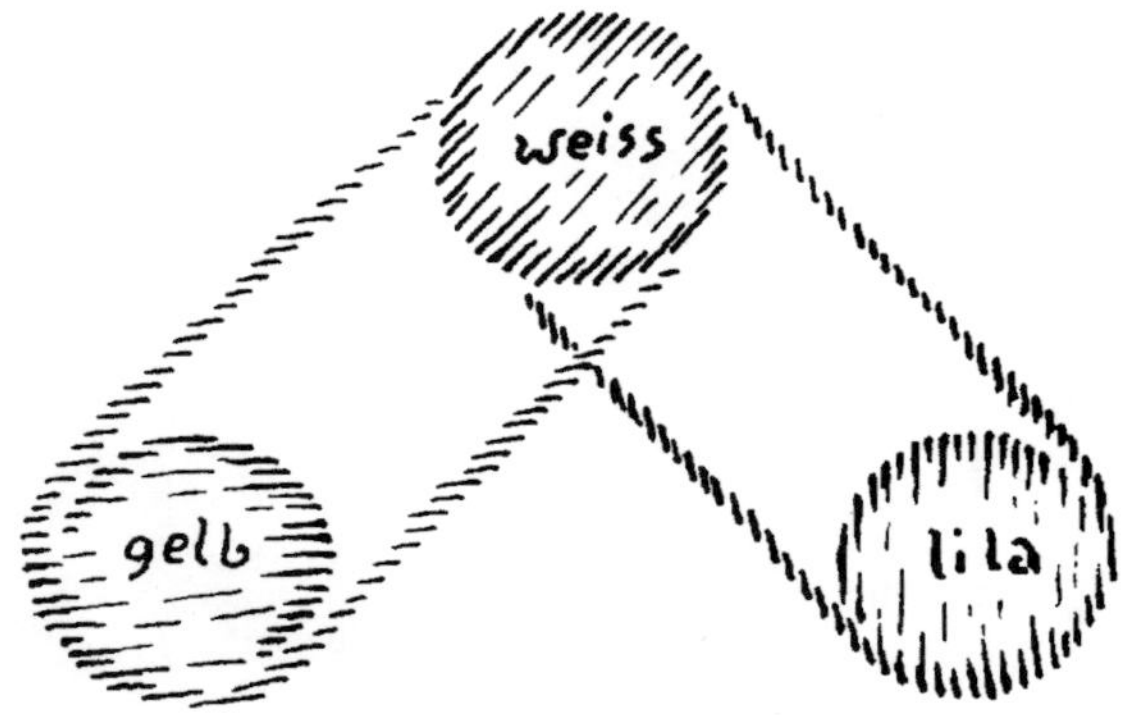

過去の法則だけを観察しているのです。皆さんはそのとき、過去という宇宙の死体だけを観察しているのです。自然科学は、死んだ生命しか考察していないのです。

図を見て下さい。白い円は私たちの眼や耳その他の感覚の前にひろがっている観察領域です。この黄色い円は自然科学の法則のすべてを表しています。この自然科学の法則はすべて、そこに存在しているものではなく、すでにそこにあったもの、存在していたもの、かたまったまま残っているものを対象にしています。私たちはむしろ、こういう法則以外に、眼や耳では知覚できないもの、第二の法則世界（リラ色の円）を観察しなければならないのです。この第二の世界は現実の中に存在して、未来を指示しているのです。

植物のことを考えてみて下さい。眼で見る植物の姿だけが真実なのではありません。そこには秘めやかに、まだ眼に見えないもの、来年になって姿を現わすであろうものが存在しています。すなわち胚芽がです。胚芽が眼に見えずにすでに存在しています。そのように私たちの前にある世界の中には、眼には見えなくても、未来が、未来のすべてが存在しているのです。しかし過ぎ去ったものは、すでに枯渇し、死んでいます。死骸なのです。自然を観察するときも、死骸である過去のものしか見ていません。もしもただ霊的なものにしか眼を向けていないのなら、たしかにこの過ぎてしまったものが欠けています。しかし現実の全体を知るためには、不可視的なものをも対象にしなければならないのです。

一方でカント＝ラプラス理論をふまえながら、もう一方でジェイムズ・デューワー教授〔一八四二―一九二三年〕が（昨日の公開講演でも触れましたが）地球の終末を想定したときのように、一体どうしてその時代を生きる人びとが、マイナス数百度の寒さの中で、光を発する蛋白質が塗られた壁の明りで新聞を読むというようなことが言えるのでしょうか。ミルクは固体になっているというのにです。ミルクが固まっているとしたら、どうやって乳を搾ればいいのでしょうか。こんなことは、カント＝ラプラス理論と同じように、ありえない観念でしかありません。こんな理論を抱えて、一歩でも感覚的な観察領域を超えたら、その途端に頭が動かなくなってしまいます。なぜならその理論は、死骸の、死体の理論でしかないからです。

こんにちの意味で頭のいい人はこういいます。――「ギリシアやローマの祭司たちは、嘘つきかだまし屋か迷信家だったに違いない。だって少しでも理性が働くなら、鳥の飛び方やいけにえの動物の行動を見て、未来を予言できるなどと信じられる筈がない。」

未来の人たちは、現代人のこういう高慢な考え方を知って、もしこの未来の人たちが現代人と同じように頭がよかったら、ローマの祭司たちに較べて自分の方が頭がいいと思う現代人を見て、きっとこう言うでしょう。——「カント＝ラプラス理論だって？　デューワーだって？　そういう人たちはおかしな迷信家だったのだ。たかが数千年の地上の変化を観察して、地球のはじまりと終わりについて結論を引き出したのだから。当時の人たちは何という愚かな迷信にふけっていたのだろう。その頃は、太陽と惑星たちが原始の霧から分かれて回転するようになったと説かれていた。」

神話の意味

未来の人たちは、カント＝ラプラス理論やこういう地球の終末の考え方のことで、こんにちの人たちがいけにえの獣や鳥の飛び方などから未来を予言することについて非難するときよりも、もっとはるかにひどい非難をあびせることでしょう。

こんにちの人びとは、自然科学的な思考方式を学んで、古代の神話や昔ばなしを見くだしていました。人類史上のまだ幼年時代だったから、夢を大切にしていた、と言うのです。それに較べると、私たちははるかに進歩を遂げた。私たちは万物が因果律の下にあることを知っている。その点ではすばらしい研究成果をあげている、と思い込んでいます。

しかしそう思っている人はみんな、ひとつのことを知らないのです。すなわち、こんにちの科学のすべては、もしも神話的思考があらかじめ存在していなかったなら、存在しえなかったであろう、ということをです。実際、こんにちの科学は、神話があらかじめ存在していなかったなら、神話から生まれて成長したのでなかったなら、今のように存在してはいなかったでしょう。ちょうど茎や葉や花だけの、根のない植物が生存できないように、こんにちの科学は、土台に神話がなければ、神話から成長するのでなければ、存在できないのです。こんにちの科学がそれだけで存在していると思ったら、植物が根なしで、地上の部分だけで成長する、と思うのと変りはないのです。

こんにちの科学はすべて、神話から成長してきたのです。神話が科学の根に当る部分なのです。だからこんにちのまったく頭のいい教授たちの心情が古代の神話を見くだし、古代の迷信という手段をばかにして、科学がすべて神話から生み出されたのであり、神話がなかったら、現代のどんなに正当な考え方も成り立ちえなかった、という事実を、夢にも考えなかったとしたら、こういう事柄を別の世界から観察している四大の霊たちは、この教授たちを地獄の嘲笑で迎えるでしょう。

もうひとつ別のことも四大霊たちの嘲笑を呼び起こすでしょう。それはもっと「地獄の嘲笑」というにふさわしいのです。すなわち現代の人びとは、コペルニクス理論やガリレイ主義やエネルギー恒存の法則を信じているのですが、こういう科学理論はまさにアーリマン勢力にとって地獄の嘲笑を呼び起こすのにふさわしいチャンスなのです。アーリマンたちは大喜びで、これらの理論が決して変わることなく、いつの時代にも妥当するのだ、と言うでしょう。でも心の中では、何という近視眼的な考え方か、と思っているのです。

ちょうど神話が私たちの考え方に対するように、一九世紀、二〇世紀の科学思想は今後数世紀後に現れるであろうような考え方に対しています。神話が克服されたように、この科学思想も克服されるのです。皆さんは、西暦二九〇〇年の人びとが太陽系についてこんにちの人と同じように考える、と思っていらっしゃるのですか。もしそうだとしたら、それは大学教授の迷信ではありえても、決して人智学徒の迷信であってはなりません。

こんにち的な考え方、現代の時代にふさわしい考え方は、古代ギリシアでギリシア神話が形成された時の事情をふまえて生まれたのです。もちろんこんにちの知的な人びとなら、きっとごく当然のようにこう思うでしょう。――古代ギリシア人たちが私たちの現代科学を手に入れていたら、きっともっと幸せな生活ができていただろうに。

しかしもしも古代ギリシア人が私たちの現代科学を所有していて、ギリシア人のもっていた神々についての知識、ホメロス、ソポクレス、プラトン、アリストテレスの世界を所有していなかったなら、つまり典型的な現代の唯物主義者になったなら、ゲーテの『ファウスト』の中のワーグナーでさえ、こんにち徘徊しているそういうワーグナーたちに較べて、まるでファウストのようだったでしょう。人間の思考は無味乾燥で、生気がなく、すべてが不毛なものになっていたでしょう。なぜなら、私たちの思考の生命力は、古代ギリシアの神話、第四後アトランティス期の神話そのものの中に根を下ろしているのですから。そして神話は真実ではなく、現代人の思考こそが正しいと思い込んでいる人は、バラの花束を作るのに、バラの花をバラの木から切りとるのを間違っていると思う人に似ています。そういう人は言います。――「一体どうしてバラの花が直接現れてきてはいけないのか。」

こういう発想はみんな、こんにちもっとも世の中のことがよく分かっていると思い込んでいる、神頭のいい人たちの抱えている非現実的な観念なのです。第四後アトランティス期の人たちは、神話を作り出しました。言いかえれば、鋭く輪郭づけられた自然科学的な考え方に較べて、はるかに夢の世界に似ていると今の人が思い込んでいる考え方を作り出したのです。

第四後アトランティス期のこの考え方は、こんにちの私たちの考え方の土台なのです。そして今私たちのもっている考え方は、次の第六後アトランティス期のための土台にならなければならないのです。けれどもそうなりうるためには、枯れて死んでいく方向での考え方ではなく、生命の方向での考え方を発達させなければなりません。そして生命を吹き込むためには、何事をも意識の中に引き上げることができなければなりません。そのために何が目覚めた意識を生じさせるのか、何が目覚めた人格を作り出すのか、をよく知っていなければなりません。

一八七九年以来、状況は決定的に変わりました。誰かが学校に通うようになると、学校で自然科学の考え方を学びます。そしてこの自然科学的な考え方に従った世界観を身につけます。そして感覚世界だけを現実と呼び、他のものはすべて空想の産物にすぎない、と信じるようになるのです。こんにちでは実に多くの人がそう思っているのですが、もしもそう思うようになったなら、アーリマンを喜ばせるだけです。アーリマン的な勢力にとっては、それが実に好都合なのです。

一八七九年以降、人間の心情の中にいわばおのれの城塞を築き上げたこのアーリマン的な勢力とは、一体何ものなのでしょうか。人間ではありません。天使なのですが、停滞した天使なのです。この天使たちは本来の進化の道からはずれ、物質界に接する霊界において果たさなければならないみずからの使命を忘れているのです。もしもその使命を果たせたのなら、一八七九年に堕ちてはこなかったでしょう。ですから物質界の一人ひとりの人間の中に堕ちて、今、その使命を人間の頭脳を使って果たそうとしているのです。人間の頭脳の中という、本来の領域よりも一段低い世界の中で働いているのです。

こんにちの一元論思想は、人びとの現実の中では働いていないのです。昨日も述べたような種類の経済学――そこではじめに、四ヶ月以内に戦争が終る、と書いてありました――、そういうことが学問的な仕方で語られる場合、ただそう言いつのるだけなら問題になりませんが、そういうすべては、人間の頭脳に巣くっている天使の発想なのです。

科学と霊学の間に橋をかける試み

実際、人間の知性は、こういう霊的な勢力にますます従わされていくでしょう。この勢力は自分の生命を発揮しようとして、人間の知性を道具にしようとしているのです。私たちがただ頭を砂の中につっこんで、現実から眼をそらしているだけでしたら、それに対抗することはできません。意識して共に生きるのでなければならないのです。例えば一元論者たちの考え方を知らなければ、それに対抗できません。必要なのはアーリマン的な科学というものがある、と知ることなのです。真実を知るのであれば、人間の頭脳に巣くっている停滞した天使たちの科学がある、ということを知らなければならないのです。

今私たちは、こういう事柄の重大さをふまえて、「アーリマン的な勢力」という言い方をしています。もちろん皆さんは、こういう表現になれていない人たちにこういう言い方をするわけにはいきません。どうしてもそこには壁があるのですから。そういう言い方をしていては、人間関係が成り立ちません。けれども、もちろん神秘学と無縁な人たちにも真実が伝わるような話し方はある筈です。それに反して、真実を伝える場がなかったなら、真実を一般の人に伝える可能性がなくなってしまいます。真実を根源的な、まじりけのない形で語ることのできる場が少くとも個々には存在するのでなければなりません。

ただ忘れてはならないのは、こんにちの人たちが自分で霊学に関心を寄せるときにも、アーリマン的な科学の領域への橋をかけるには、しばしば打ち克ちがたい困難が生じることです。私の出会った何人もの優れた人が、アーリマン的な科学のさまざまな分野で研究を深めていました。優れた自然科学者であったり、オリエント学者であったりですが、その一方でこの人たちは、私たちの霊学研究にも関心を寄せていました。

こういう人たちにも橋をかける機会を提供できるように、私はいろいろと努力してみました。生物学者、生理学者が専門的な知識をふまえて研究分野を霊的な仕方で深めていけたなら、何が生じえたでしょうか。私たちの用語を使わなくても、私たちの精神において、個別の分野の研究を深めていけたならば、です。そのことを私は東洋学の研究家たちの下で試みてみました。たしかに人は一方では人智学のよき理解者であり、他方では東洋学者としての問題に取り組みます。けれどもこの二つに橋をかけようとは思わないのです。けれどもまさにこの橋をかける作業こそが、現在切実に求められているのです。なぜなら、すでに述べたように、私たちが自然科学を外界の一種の模像であるかのように研究するとき、アーリマン的な勢力をとても喜ばせることになるのですから。

けれども私たちが霊学や霊学に由来する心構えをもってのぞむなら、アーリマン的な勢力は居心地を悪くするでしょう。霊学は人間全体に作用を及ぼします。霊学を通して、人は別の人間になります。これまでとは別のように感じ、別のように欲します。世界に別の仕方で関わるのです。

霊界に参入した人は、こう言います――「霊的な叡智が人間に浸透することは、アーリマン的な勢力にとって一大恐慌を来すことなのだ」、と。霊学は焼けつく火なのです。こんにちアーリマン的な科学で充たされている頭脳の中に宿るのは、アーリマン的な天使たちですが、霊的な叡智に貫かれた頭脳は、アーリマン的な天使たちにとって、おそろしい闇の恐怖、焼けつく火なのです。

このことを真剣に受けとるなら、次のような感じ方ができます。――「われわれが霊的な叡智に浸透されるなら、アーリマン的な勢力と正しい関係を作ってこの世を生きていけるだろう。われわれは自分の行為を通して、必要な場を打ち立てる。この世の救済のために焼きつくす供犠の場を、恐怖がアーリマンたちの上に襲いかかる場を打ち立てる。」

どうぞこういう思い、こういう感情を生かそうと試みて下さい。そうすれば、外なる世界の事象に眼を向けるようになるでしょう。古い先祖返りの科学の最後の残りは、一八世紀に死滅しました。ヤーコプ・ベーメの弟子だった、「知られざる哲学者」サン・マルタンの信奉者たちは、古い先祖返り的な叡智を持つと同時に、来るべき（私たちにとってはすでに来てしまっている）知識の多くをもすでにもっていました。そしてこのグループの中では、しばしば次のように話し合われました。将来、一九世紀最後の三〇年間に、そして二〇世紀の前半期に、新しい知識が輝くだろう。しかしその知識は、特定の疾病を生じさせるのと同じ土壌、同じ源泉に由来すると。私はこの前の日曜日に、虚偽に由来するいろいろな立場が支配するであろう、利己主義に由来するいろいろな感じ方が支配するであろう、と申し上げましたが、同じことを申し上げたのです。

どうぞ、今日申し上げた感じ方で、眼を開いて、現在何が力をふるっているのか、見とどけて下さい。そうしたら多分、皆さんの心は皆さんの経験なさるいろいろな事柄によって深い傷を受けるでしょう。でも、それでいいのです。なぜなら透徹した認識は、たとえつらいものであっても、こんにち、よい果実を実らせてくれるでしょうから。人類が陥ってしまったカオスから脱却するためには、その果実が必要なのです。

新しい教育学は、そのためになくてはならないもののひとつです。そして教育学の分野で必要とされる根本原則のひとつが、こんにちもっとも貶められているのです。

皆さん、少年や少女、または若い男性や女性に意識的に教育することのできるどんなことよりも、もっと大切なのは、無意識に若者の魂の中に流れ込んでいくものなのです。

私は前回の公開講演で、記憶は、無意識の中で、意識的な魂のいとなみと並んで育成される、と申し上げました。まさに教育上、このことが顧慮されなければなりません。教師は、子どもが理解する事柄だけを教えるのではありません。子どもがまだ理解できないもの、秘めやかな仕方で子どもの魂の中にしのび込んでいくもの、あとで、大きくなってから魂の中から取り出すことのできるもの、それを子どもの魂に提供することが大切なのです。

来るべき時代の人間には、全生涯に亙って、若いときのことをますます思い出すことが、必要になってくるでしょう。喜んで思い出したくなるような、幸せな気持ちにしてくれる思い出が、ますます必要になるでしょう。教育は、このことを組織的に行なわなければなりません。

これからの教育にとって、何が害毒なのでしょうか。あとになって、学校時代にどんなひどい仕打ちを受けたかを思い出さなければならないとしたら、まさにそのことが教育にとっての害毒なのです。

学校時代のことをあまり思い出したくないとしたら、学校時代、教育時代がひとつの源泉、いつも新たに学び、そして学んでいけるようになるための源泉ではないとしたら、そのことこそがこれからの、未来の教育にとっての害毒なのです。

とはいえ、もしも子どものときに教材から学べるすべてを学んでしまったとしたら、おとなになったとき、一体何を学んだらいいのでしょうか。

このことをよく考えて下されば、未来の生き方において、もっとも重要な根本命題が、こんにち正しいと思われていることに較べて、どんなに変わっていかざるをえないか、分かる筈です。

今私たちにとって大切なのは、現在の戦時下の悲しい諸経験が私たちを眠りから目覚めさせ、現在のこの悲しい諸経験を有意義なものにするために、「多くの、多くのことが変わらなければならない」、という思いを心に刻み込むことなのです。今までの私たちは、あまりに自己満足にふけっていたので、この思いを十分なだけ深く、そして十分なだけ真剣に受けとめることができずに来てしまったのです。

ドルナハ　一九一七年一〇月二六日

善と悪の逆転

闇の霊たち

これまでにお話ししてきたように、一八七九年の秋、特定の闇の霊たちが人間界に突き落とされたことは、非常に意味のある出来事でした。

それまで霊界の中では、何十年にも亙る戦いが生じていました。そのことを私たちは繰り返して意識しなければなりません。一九世紀の四〇年代に始まったこの戦いを通して、霊界における反逆者として、この一九世紀の数十年間に活動した霊的本性たちが一八七九年の秋に打ち負かされ、闇の霊として人間界に突き落とされたのです。

ですからこの霊たちは今、私たち一人ひとりの中でも外でも生きています。そして自分たちの衝動を、私たちの世界把握の中に、思想上の世界観の中だけでなく、私たちの感情、意志、気質の中にまで、送り込んでいるのです。

その意味で、現代ならびに近未来の重要な出来事を理解しようとするのなら、私たち人間はこの物質的＝感覚的世界と霊界との関連を認識し、その出来事を自然現象に対するのと同じように、客観的に考察することができなければならないのです。現代人は物質界の諸現象だけを歴史的な過程の中で意味あるものと認めています。これからは、霊学によって認識することのできる霊的な諸事件をも、人間の巻き込まれている諸事件として、理解できるようにならなければなりません。

さて、私たちが今述べた出来事を考察するのなら、あらかじめよく心得ていなければならないことがあります。それは人間がいかに間違いを犯しやすい存在であるかということです。

現実を直接考察しないで、概念により、定義づけによって考察するときに、人間は間違いを犯します。何がアーリマンなのか、何がルツィフェルなのか、何があれこれのヒエラルキアのあれこれの霊なのか、それを知るために私たちは、定義された概念から出発すべきだ、と思い込んでいます。そして定義づけがなされますと、現実の行動がすでにそれだけで、ある程度理解できたつもりになっています。

私は何度も、古代ギリシアで知られていた極端な例をあげて、定義づけの不十分さについて申し上げてきました。古代ギリシアの或る学校で、人間をこう定義したのです。――「人間とは二つの足で歩き、翼をもっていない生きものである。」このことを学んだ生徒は、次のとき、雄鶏の羽根を全部むしりとってもってきて、こう言ったというのです。「この生きものも二つの足で歩き、そして羽根がありません。」この生徒は、だから自分の学んだ定義によれば、この雄鶏も人間だ、と思ったのです。

実際、こんにち当然のように受け容れられている多くの定義が、このような仕方で作り出されています。多くのいわゆる科学的な定義も例外ではありません。しかし人智学においては、このような定義の仕方から始めるわけにはいきません。概念や抽象化から始めるのは、最悪の認識の仕方です。

たしかに私たちは闇の霊たち、アーリマン的＝ルツィフェル的な本性たちを概念的に定義づけます。しかしそれだけではまだまったく不十分なのです。闇の霊たちとは、一八七九年に、そういう言い方が許されるなら、天から地へ投げ落とされた存在のことです。しかし闇の霊たちについて一般的な概念を知ったとしても、今問題にしている事柄を理解するのにはあまり役に立ってくれません。なぜなら今私たちのいるところを徘徊している闇の霊たちは、古代において、霊界から、つまり天から地上に放り出された闇の霊たちと同じ種類の存在なのですから。古代の闇の霊たちも、その当時、ギリシア＝ラテン期にいたるまで、地上に特定の課題をもっていたのです。この霊たちはアトランティス期全体を通して、そしてギリシア＝ラテン期にいたるまで、その課題をもっていました。

さて、ここで私たちは、これまで獲得してきたさまざまな認識内容から、何千年にも及ぶ闇の霊たちが、全アトランティス期を通して、ギリシア＝ラテン時代にいたるまで、どんな課題をもっていたのか、明らかにしようと思います。私たちが常に忘れてはならないのは、世界（宇宙）の秩序は、人類の正常な進化を導いてくれる高次の霊的な存在たちがこういう霊たちを働かせ、こういう霊たちをいわば正しい場所において、その場所で正しいことを行なうようにするときにのみ、正しく保たれる、ということです。何度も申し上げましたが、古代におけるいわゆるルツィフェルの誘惑は、人類の進化にとって大きな意味をもっていました。このルツィフェルの誘惑ははじめはもちろん、ルツィフェルの努力から生じました。このルツィフェルの努力から――アトランティス期からルツィフェルは、アーリマンと結びついていましたが――この努力から、いわば善き光の霊たちに対抗する反対の努力が生じたのです。

自由と血縁

基本的に闇の霊たちは、あの古い時代においては、人間の最善の特質を自分流のやり方で人間に与えようとしました。この霊たちは人間に絶対的な自由を与えようとしたのです。しかしもちろんその当時の人間は、まだ絶対的な自由にふさわしい程に成熟していませんでした。この霊たちは人間一人ひとりに、個的に自主的であろうとする衝動を附与しようとしました。しかし人間はそうであるにはまだ未熟だったので、まだそうなってはならなかったのです。

ですから反対の力が光の霊たちによって対置されました。この反対の力の結果、人間は霊的な高みから地上に移されました。楽園追放の神話はこのことを象徴的に描いています。

現実においては、天から地への人間のこの追放は、人間が遺伝的な特質に組み込まれることを意味していました。ルツィフェルとアーリマン的な勢力とは、各人が個的存在として自立することを望んだのですが、もしその望みがかなったら、それによって人間は、未熟な状態で早急に霊化されたことでしょう。そうなってはなりませんでした。人間は地上で教育を受け、地の力によって育成されねばなりませんでした。このことは、人間が遺伝の流れに組み込まれることによって生じました。ですから誰でも、身体的に別の人間から生まれるようになったのです。

人間は、もはや自分自身で自立した存在ではなく、自分の祖先から特定の性質を遺伝された存在になりました。人間はそれによって、ルツィフェルが人間に与えたくなかった地上的な特質を引き受けるようになりました。身体上の遺伝に関わるすべては、光の霊たちによるルツィフェルの流れに対する反対の流れとして人間に附与されたのです。いわば人間に重りがつけられたのです。人間はそれによって地上の存在に結びつけられました。ですから、地上における遺伝、生殖、繁殖、愛と結びついたすべては、ヤハヴェまたはエホヴァに導かれた霊的本性たちによって与えられたのです。

古代の諸宗教のいたるところに、生殖の象徴、遺伝の象徴が見出だせます。キリスト教の元になっているユダヤ教の律法においても、他の異教においても、遺伝の法則を規制し秩序づけることに大きな価値がおかれているのです。人びとは種族、民族、人種に従って共同生活をいとなむことを学ばなければならなかったのです。血統、血縁が地上の秩序のおおもとになるべきだったのです。

この秩序はアトランティス時代に用意されました。そしてそれから、第三後アトランティス期に当るエジプト＝カルデア文化期、第四期に当るギリシア＝ラテン文化期におけるすべての共同生活の中に繰り返して現れました。まさにこの後アトランティス期の二つの文化期、レムリア時代とアトランティス時代とを繰り返しているこの二つの後アトランティス文化期においては、すべての人間社会の秩序の中で、人種、民族、種族、つまり血と結びついた遺伝的特質が顧慮されていました。

すべての社会秩序、すべての国家秩序を司る古代秘儀の祭司たちが重視したのは、人びとの道徳、傾向、習慣を血縁、民族や種族のつながりに従って育成することでした。秘儀の祭司たちは、この立場から法を定めました。第三、第四後アトランティス文化期の秘儀に由来する文化伝統は、地上の各地域の法を生じさせた秘儀の祭司たちが入念に研究した、人種、民族、種族の諸関連をふまえるのでなければ、決して理解できません。そして法の秩序は、地上のどの民族においても、基本的に血の結びつきの下に作られたのです。

光の霊たちが人間関係を血の結びつきに従って秩序づけていた時代において、人間と共に天から地に追放された闇の霊たちは、血の結びつきに反抗することを何よりも重視しました。上述した時代において血縁に反抗する働きのすべて、遺伝、種族関係、人種関係に反抗する教えのすべて、個人の自由を促し、人間の個人の自由の下に法を定めようとするすべて、そういうすべては、闇の霊たちに由来するのです。

こういう時代は一五世紀まで続きました。その余韻はもちろん、こんにちまで続いています。なぜなら進化においては、はっきりした区切りがなされているときも、秩序はすぐにはなくなりませんから。しかし、一五世紀までに、単なる自然的な結びつきである血縁、家族、民族などに反抗する教えは、すでにいたるところで芽生えていました。

ですから二つの流れがあるのです。ひとつの流れは、血の結びつきのすべてをいわば守護する光の流れです。もう一方の闇の流れは、血の関係から脱け出ようとするすべて、家族や遺伝の結びつきから自由になろうとするすべてを守護するのです。

もちろんどんな流れも一挙に消えてしまうことはありません。ですから一四一三年、第四後アトランティス期と第五後アトランティス期の境の年にも、これまでの流れのすべてが一挙に消えたりはしませんでした。この二つの流れは、現代にいたるまで作用を及ぼし続けています。

自由と血縁の逆転

しかも一九世紀以来、皆さんにお話ししたあの重要な諸事件以来、まったく別のことが生じたのです。すなわち天使のヒエラルキアの存在たちが一八七九年以来、古代の闇の霊たちの後裔として、人間界の中で働くようになったのです。この存在たちは、闇の霊たちと同質であり、同じ種類の存在たちですが、一八七九年の出来事を通して、天から地に突き落とされました。それまでのこの存在たちは天上で使命をもっていましたが、先ほど述べた彼らの同類の闇の霊たちは、すでにレムリア期、アトランティス期以来、人間のもとにいたのです。

ですから次のように言うことができます。――私たちは前七四七年、進化における、感覚魂の時代から悟性魂の時代へのひとつの区切りをもっています。そして一四一三年に悟性魂の時代から意識魂の時代へのひとつの区切りをもっています。そして一八七九年、私たちにとって特別重要なあの区切りをもっているのです〔感覚魂、悟性魂、意識魂については、『神秘学概論』ちくま学芸文庫版、七〇頁以下、そして意識の進化過程については、同書二九一頁以下と四一四頁以下を参照〕。

この時代全体を通して、闇の霊たちは、地上において働いていました。一方、別の闇の霊たちは、この時代、まだ上なる霊界にいました。一八四一年、すでにお話ししたあの大きな戦いが始まります。そしてこの霊たちも、下なる霊たちのところに来ます。地上まで下りてきて、今、他の闇の霊たちのところにいるのです。けれども古い反抗者たちの力、闇の霊たちの流れの力、アトランティス期、レムリア期以来の使命をカルデア＝エジプト期、ギリシア＝ラテン期にも保ち続けていた闇の霊たちの流れの力は、今や次第に消えていきます。そして一八七九年以後になると、新たに地上に突き落とされた霊たちの力がその代りに働きはじめます。

いわば兄弟の闇の霊たちが権力をもつのをやめる一方で、この新たな闇の霊たちが働きを始めます。その結果、一九世紀の最後の三分の一の時期から、すべての状況が完全に逆転するのです。規則正しく働き続ける光の霊たちは、血の結びつき、種族や人種などの結びつきをたしかなものにするために、十分に働いてきました。人類の中で血の結びつきによって確立された公正な宇宙秩序のために十分な配慮を行ってきました。

けれどもこの新しくなった時代から、光の霊たちは、人間たちに働きかけて、自由の理念、自由の感情、自由の衝動を発達させ、人間をみずからの個性を基礎としてその上に立たせようとしているのです。そして古い闇の霊たちと同質の新しい闇の霊たちは、今次第に血の結びつきの中で働く使命をもつようになるのです。

古い時代において善であったもの、光のよき霊たちの領域だったものは、一九世紀の最後の三分の一の時期に、闇の霊たちに引き渡されました。人種、種族、民族に関わる血に基礎をおく古い衝動は、闇の霊たちの支配下におかれるようになりました。そのときから、それまで自由のための反抗者であった闇の霊たちが、秩序を種族関係、血縁関係の基礎の上におくように、人びとに影響しはじめるのです。

以上からも分かるように、定義づけではだめなのです。もしも闇の霊たちを古い時代における使命に従って定義づけるなら、まさに現代、一九世紀最後の三分の一の時期以来の新しい時代の使命とは正反対の定義づけになってしまいます。古い時代の闇の霊たちは、人間の遺伝の特徴に反抗して働く使命をもっていました。一九世紀の最後の三分の一の時期から、この霊たちは、種族と血と遺伝の関連に注意を向けるように促しています。

以上の真実を、こんにちの人は受け容れようとはしません。聞くだけでも気分が悪くなってしまうような真実なのです。なぜなら人びとは数千年の間、血の結びつきをからだ中にしみ込ませてきたからです。

まさに一九世紀になると、あらためて種族、民族、人種という血の結びつきを強調するようになります。そしてそうすることが理想主義的な態度であるかのように思っています。けれども本当は、人間の、人類の退化現象のはじまりなのです。血が光の霊たちの支配下にあった間は、血の支配を基礎に打ち建てられたすべては、進歩を意味していました。しかし同じことが闇の霊たちの支配下におかれた時は、すでに退化現象になっていたのです。

遺伝的特徴が進歩的な霊たちの指導の下に置かれていた間、闇の霊たちは自由を求める反抗的な感覚を人びとの中に植えつけることに最大の努力を重ねていました。しかし今、新しい闇の霊たちは、古い遺伝的特徴を保持し、その結果生じる考え方、感じ方を通して、退化の特徴を人類の中に持ち込むことに最大限の努力をしているのです。

まさに一九世紀最後の三十数年間に、基本的な価値判断において、どんな転換が生じたのかを知らなければ、現代という時代の本質は理解できないのです。まだ一四世紀の人は、人種や国家の理想について、人間の進歩をふまえて語ることができました。しかしこんにち人種や国家や種族の理想について語る人は、人類を堕落させる衝動について語っているのです。

もしもそういう理想を人びとに提示することができる、と信じる人がいるとしたら、その人は間違っているのです。なぜなら、人種や民族や血の理想が幅を利かせるとき以上に、人類を堕落させるときはないのですから。

真実の理想は、血縁にではなく、霊的な世界に由来するものでなければなりません。これまでの諸世紀に由来する、ルツィフェル的＝アーリマン的な権力に護られてきた立場に立つのでなければ、こんにち諸民族の理想などを高言することは、もはやできないのです。

二〇世紀のキリスト衝動

二〇世紀の人類愛を代表すべきキリストなら、こんにちの人びとの高言するような、いわゆる民族の理想など、まったく考慮に入れないでしょう。大天使ミカエルは、以前はヤハヴェの代行でしたが、一八七九年以後のミカエルは、「キリスト衝動」の代行になるのです。キリスト衝動〔キリスト衝動については『神秘学概論』ちくま学芸文庫版、四一九頁以下を参照〕の代行としてのミカエルは、単なる生まれつきの血縁の代わりに、霊的な縁を人びとの間に生じさせるのです。なぜなら、霊的な共属性を通してでなければ、私たちは時代の必然的な下降を共にすることはできないからです。今私は、下降は必然的なことだ、といいました。なぜなら、ちょうど人間が年をとると子どものままではいられなくなり、からだが下降方向へ向っていくように、現在の人類全体が下降方向へ向っているのだからです。

第四期を通過して、今私たちは第五期を生きています。第六期と第七期は、第五期と共に、現在の世界進化の老年であるといえるでしょう。古い理想がいつまでも生き続けることができると信じることは、アルファベットを習うのは子どもにとって大事なことだから、一生の間ずっとアルファベットを習うべきだ、と信じるのと同じ程度に、分別あることだと言えます。同じように、地上のいたるところに血の結びつきを基礎にした諸民族の社会構造をひろめるべきだと、未来において言い続けるのも、同じ程度に分別あることでしょう。これがウィルソン主義なのですが、同時に闇の霊であるアーリマン主義でもあるのです。

こういう真実を認めるのは、きっと不愉快なことでしょう。世界中に今普及している考え方に賛成することの方がずっと楽なことです。けれども現実の歩みは、普及している考え方に従って進んでいくのではありません。現実の歩みは真実の衝動に従って進んでいくのです。そして真実の立場に立つなら、第五、第六、第七期にはもはや通用しなくなるような事柄に、承認の印を押すことなどできる筈がありません。たとえ人びとを誘導するこんにちの安易なやり方がウィルソンの世界綱領の中に注ぎ込まれているとしてもです。

それでも多くの人は、すべての血縁から離れた、一般人間的な真実を、受け容れようとしていません。一般人間的な真実は、地上の世界に由来するものではなく、霊的な世界から取り出してきた真実だからです。こんにちは、ひとつの世界全体が、人間の本当の進歩に反抗して、おそろしいくらいの反動ぶりを示しています。しかも「諸民族の解放」という決まり文句を使って、進化の流れに逆行しようとしているのです。

安易な流れに逆らって、本来の進化の流れに従って進んでいくのが、これまでも、いつも秘儀の真実を求める者の運命でした。一切の血の偏見から離れて、地球全土にひろまっている常套句に対抗することのできる人が、たとえ少数派であっても、存在しています。常套句は、霊学が述べる一八七九年十一月の出来事が表面に現れた、ひとつの現象にすぎません。

現代の諸事件は、すべての国の秘儀参入者たちによって予見されていました。その人たちは予見したものについて語り、そして反動的な考え方、感じ方が理想的であるとひろく信じられていること、人間の血縁からもっとも反動的な立場が生じていること、を示唆してきました。

大きいことにも、小さいことにも、こういう事柄が見てとれなければなりません。こんにち流布している通念、常識に惑わされてはなりません。そのために、少しでも時代の徴候を理解しようと、日頃心がけていなければなりません。

たしかに安易な道を択んで、血の偏見の中にどっぷりつかっていることもできます。でもそうしたら、下り道を降りることになります。そういう道はどこにでもあります。しかしそういう誘惑に対しては、正しい仕方で目覚め、どこに上り坂があるのかを見極めることができなければなりません。なぜなら、下り道を降りていくのは簡単なことなのですから。

生きるとき、どこで上り、どこで下りるのかを感じとって下さい。しかし下降する生き方を避けよう、などという馬鹿げた先入見に陥ってはなりません。私はルツィフェルとは関わりたくない、アーリマンとも関わりたくない——こういう馬鹿げた先入見に対して、私は何度も講義の中で警告してきました。なぜなら、こういう霊的本性たちが宇宙（世界）秩序の中で働いてくれていることを当然、私たちは知っていなければならないのですから。

ルツィフェル、アーリマンのことを無視すると、これらの霊たちは、私たちの意識の外で、ますます力を発揮することになります。私たちが上昇する生き方、下降する生き方に対して、大きな観点でのぞむときはじめて、人類の問題を正しい仕方で考えることができるのです。ただその場合、共感と反感からは自由になっていなければなりません。

ダーウィン主義とゲーテ主義

近代の自然科学の分野にも二つの流れが生じました。そのひとつを私はゲーテ主義と呼び、もうひとつをダーウィン主義と呼びました。私の著述をはじめから辿ってみて下されば、私がダーウィン主義の深い意味を誤解していなかったことを知って下さるでしょう。表面しか見ない人たちは、私がダーウィンの味方になって論じたとき、私が唯物論者になった、と言い立てました。しかしそういうもの言いは、確信から出たものではありません。まったく別の理由から出たものなのです。ですからそう言い立てた人たちは、それが真実ではないことをよく承知して、そう言っていたのです。私の著作をはじめから読んで下されば、私がダーウィン主義に対して、いつでも公正な立場をとってきたこと、だからこそ、ダーウィン主義に対して、生命の進化についてのゲーテの立場、ゲーテ主義を引き合いに出してきたことを、知って下さるでしょう。

「進化論」は、一方ではダーウィン主義の意味で言われていますし、他方ではゲーテ主義の意味でも言われています。私はいつでも進化論におけるこの二つの立場を結びつけようと試みました。なぜでしょうか。なぜならゲーテ主義においては、上昇する方向が取り上げられているからです。すなわち、単なる物質的、物理学的な存在から有機的な進化を読みとろうとする立場です。

何度となく、私はゲーテとシラーの間で交された対話のことに触れました。その対話の中で、ゲーテが自分の考えた「原植物」について述べたとき、シラーがこう応じたのです――「それは経験ではありません。それは理念です」、と。そこでゲーテはこう言いました。「もしそうなら、私は理念を眼で見たのです！」ゲーテはいたるところに霊的なものを実際に見たのです。

ですから、ゲーテの進化論の中には、至高の諸領域、魂と霊のための諸領域にまで高められる萌芽が含まれているのです。ゲーテは、メタモルフォーゼ論の中で、有機的な進化のための出発点を明らかにしたのですが、私たちは、人類が第五後アトランティス期から辿らねばならない霊の進化の道を明らかにしなければなりません。なぜなら人間は、私がこの考察の中で述べてきたように、さらに自由に内面化していくのですから。

ゲーテ主義は大きな未来をもっています。人智学のすべても、ゲーテ主義の方向上にあるのです。

ダーウィン主義は物質上の進化を物質の側から考察します。すなわち、外的な衝動、生存競争、自然淘汰などを、死滅に向う進化を考察するのです。言いかえれば、以前の時代から幅を利かせてきた外的な衝動だけを信じて、有機的生命を考察するのです。

ダーウィンを理解しようとするのなら、以前に発見された諸法則を集めて、それらを関連づけなければなりません。ゲーテを理解しようとするのなら、生命活動において新しい、その都度新しい合法則性を見つけ出さなければなりません。両方とも必要です。間違いが生じるのは、ダーウィン主義、ゲーテ主義のいずれかだけに頼るときなのです。その両方を共に生かすときではないのです。大切なのは、このことを理解することです。

魂の年齢

人間は、年をとればとるほど、もしも魂を正しく進化させるなら、ますます若くなっていきます。しかしこのことは、人間が自分の中に霊的な衝動を受容するときにのみ、未来において可能になるのです。霊的な衝動を受容するなら、髪が白くなり、しわがふえ、そしていろんな疾患に悩まされるとしても、その人は、ますます若くなっていくでしょう。なぜなら、死んだあとまでも担い続けていく衝動を、魂の中に受けとっているのですから。

しかし私たちがからだだけを問題にするときには、若くなることができません。その場合には、魂の中でも、からだの働きだけを体験しているのですから。もちろん髪が白くならないようにすることはできません。しかし白くなった頭でも、霊的な生活の源泉から、若い魂を汲みとることはできます。ですから第五、第六、第七文化期における人類の進化は、――変な言い方をしますが――白髪のダーウィン主義の意味でも経過していくでしょうが、しかしゲーテ主義の意味での霊的メタモルフォーゼの若い力を取り出すこともできなければならないのです。そうすれば、地球の死であるあの未来の破局を生きぬくことができるでしょう。この若い力は、未来の破局の中でも保持され続けなければなりません。ちょうど一人ひとりの人間の中の若返る魂が、死の門を通っても保持され続けなければならないようにです。

人間は、――こういう言い方が許されるなら――天から地に降りて来たことによって、そして人間と共に、あの闇の霊たち、遺伝の法則、血縁の法則、人種の法則が支配的だった時代に自由と解放の基礎がためをしてくれた闇の霊たちが地に降りて来たことによって、大地と結びつく可能性を見出したのです。

ルツィフェルとアーリマンの行為は、その行為を通して人間が大地と結びつく可能性を見出だしたことによって、善なるものになりました。そのことを図式化して見ると、次のようにいえると思います。

ルツィフェルの行為以前の人間は、大地をも含めた宇宙全体（紫）と結びついていました。人間は聖書に記された原罪、自然科学的にいえば遺伝の特徴を移植されたことによって、地球（黄）と結びつきました。人間（十字形）はそれによって、大地の一部になりました。――このよ

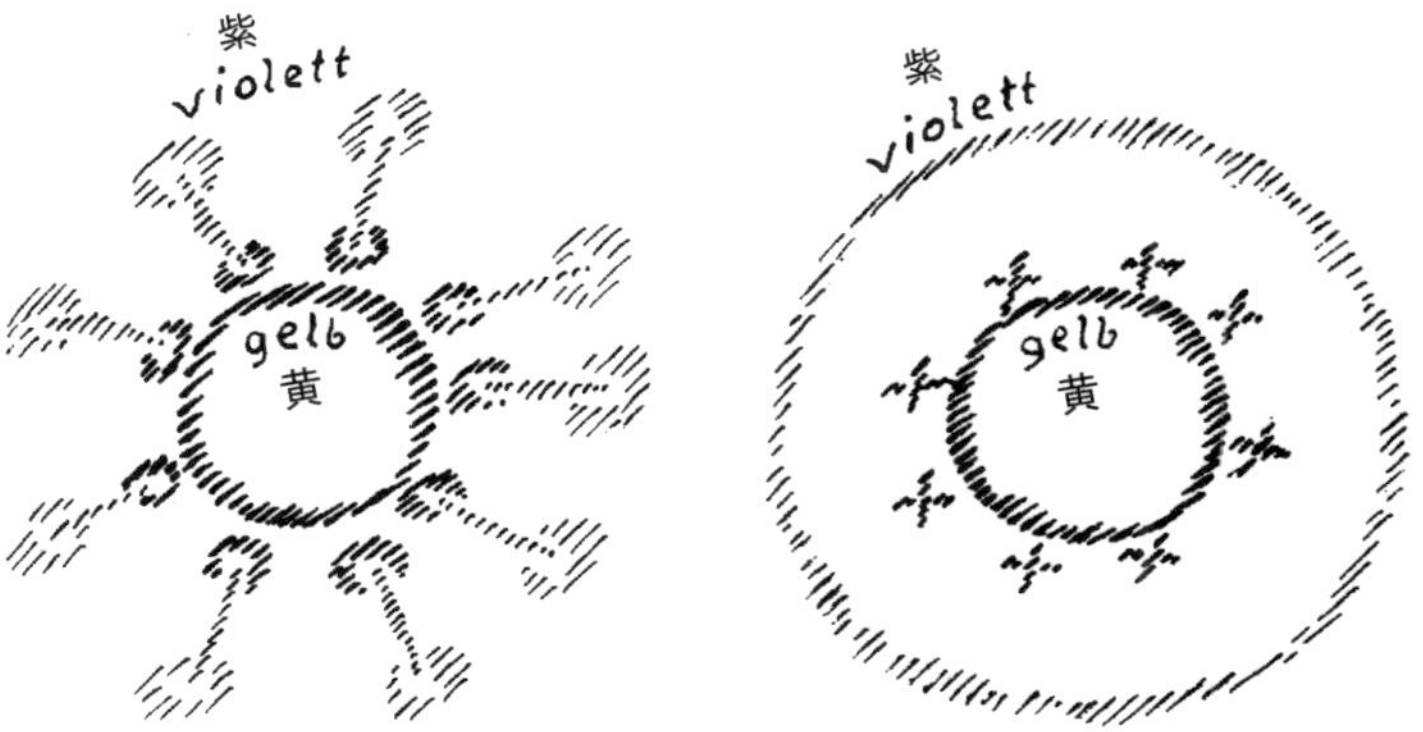

うに、ルツィフェルとアーリマンは進歩する力に奉仕してくれたのです。

さて、進化はさらに先へ続きます。私たちは地上で、地球とひとつに結びついて生きています。ルツィフェル的＝アーリマン的な霊たち、闇の霊たちは、天から地に突き落とされました。人間はそれによってふたたび、大地から解放されなければなりません。自分の本性の一部が、ふたたび霊界の中に戻されることによって、大地から切り離されなければなりません。

ひとつの意識が今、人類の中に育たなければならないのです。われわれはこの地球の存在なのではない、という意識です。この意識がますます強くなっていかなければならないのです。

未来の人間は次のような思いと共に、地上を生きなければなりません。――「たしかに私は生まれたことで肉体に受肉している。しかしそのことは、ひとつの通過段階なのだ。本来の私は、霊界に留まっている。私の本性の一部だけが、大地と結びついている。私はそのことを意識している。死から新しい生までの世界から、私の存在全体が離れたのではない。」

これからは霊界とのこの共属感情を育てなければならないのです。以前の諸世紀では、この共属感情は、物質生活を正しく理解しようとせず、間違った禁欲生活をして、肉体をいためつければよい、と思い込んでいました。ですから間違った影を投げかけるだけでした。けれども、人間は、単なる地上の存在なのではなく、全宇宙に属する存在なのです。間違った禁欲生活に頼らず、霊的な存在、本質的な存在と結びつくことによって、自分が全宇宙に属していることを認めるのです。そうすることで霊界との共属感情を育てるのです。

自然科学はそのための準備でなければなりません。どうぞ、考えてみて下さい。一五世紀になるまで、ギリシア＝ラテン文化期が終わるまで、人間は自分を育ててくれた土地にまったく依存して生きていました。土地との関連の中で進歩を遂げてきたのです。このことは正しかったのですが、この危機の時代に、いつまでもその生き方が人生における主要な在り方であり続けることは許されません。

魂の意識は、一度地上から切り離されなければなりません。自然科学が、もっぱら物質界においてであっても、コペルニクス主義の立場に立って、地球中心から離れたようにです。地球は宇宙空間の中のひとつの小さな星体になりました。もっぱら空間上の事柄ですが、すでにこのコペルニクス主義によって、人間は、まだ抽象的ではありますが、宇宙空間の中に移されたのです。この方向をもっと先まで行かなければなりません。

とは言っても、間違った仕方で、物質生活を問題にしていてはなりません。物質生活はすでに先へ進んでいるのです。アメリカのことを考えて下さい。数世紀以来アメリカへ移住していった住民のことではありません。ご承知のとおり、近世になってから、ヨーロッパ人による新しいアメリカ移民が現れました。この移民をよく観察しますと、その身体生活は、土地との結びつきから自由であるとはいえないのです。本来ヨーロッパ人である新しいアメリカ人たちは、アメリカに移植されました。そして――こんにちは、まだそれほどはっきり現れているとはいえませんが、真実なのです――先住民の身体の特性を次第に身につけるようになってきました。腕はヨーロッパに住んでいたときとは違う長さになりました。このヨーロッパ人の肉体は、すでにアメリカの土地に適応しているのです。この違いはもっと大きくなっていって、西アメリカ人と東アメリカ人との身体にも、目立った違いが生じるようになるでしょう。土地に適応するとは、そういうことなのです。

アメリカにおけるヨーロッパ人は、外から見ても、身体上も先住民化しています。以前の時代にそうであったように、今でも魂がこの身体上の経過を辿り続けますと、――ただヨーロッパ人の移住のことだけを取り上げているのですが――先住民の文化がふたたびヨーロッパ人の中で甦えることになるでしょう。こういうと逆説に聞こえるかも知れませんが、しかし実際にそうなるのです。

未来における人類は、地上の大地との結びつきに拘束されていてはなりません。魂だけは自由になっていなければなりません。人間は地上のどこにおいても、土地の特徴を身体の中に受けとるでしょうから、ヨーロッパ人の身体は、アメリカに移住したら、アメリカ化されるでしょう。けれども、どんな人の魂も、地上的＝物質的なものをふり切って、霊的な世界の市民にならなければならないのです。霊的な世界においては、人種も、国民も存在しません。別の関連しかありません。

以上は、現在の地上のいたるところにみられる大きな決定的な出来事に対して理解しておかなければならない事柄なのです。どうぞ古くさい偏見を新しい理想だと勘違いしているヤギ（失礼）にだけはならないで下さい。

V
ミカエルの秘儀

新しいミカエル時代のはじまり

キリスト紀元九世紀にいたるまでの人間は、それ以後とは異なる仕方で思考内容に向き合っていた。自分の魂の中に生きている思考内容を、自分で作り出したものだとは感じていなかった。霊界の贈りものだと思っていた。感覚で知覚した対象を思考するときにも、その思考内容は、感覚的事物を通して語りかけてくる神的なものの啓示だったのである。

霊感をもっている人なら、今日でもそういう感じ方をするであろう。そして或る霊的な現実が魂に開示されるときは、それを霊的に知覚しようとするであろう。その知覚内容を思考によって理解しようとしないで、むしろその知覚内容の中に含まれている思考内容を直観しようとするであろう。思考内容をあるがままに、客観的に観ようとするであろう。

九世紀以後、個人的、個別的な知性が人間の魂の中に輝きはじめる。もちろん「九世紀」という言い方は、中心となる時期を示唆しているにすぎない。時代の移り変りはごくゆっくりと進行する。

*

さて、九世紀以降の人間は、自分が思考内容を形成するのだと感じるようになる。そして思考内容のこの形成が、魂のいとなみの中の個人的、個別的な働きであると感じるようになる。だから思考する人は、知的な態度の中に、人間の個的な魂の本質を見てとることができた。

以前の人間の魂は、霊視的な表象内容をもっていた。思考内容の形成の中に魂の本質を見たのではなく、宇宙の霊的内容を霊的に体験することの中に魂の本質を見たのである。思考するときには、超感覚的な霊的存在たちを思考した。その存在たちは人間の中に働きかけ、人間の中に思考を持ち込む。人間の中に生きている超感覚的な霊界をも、魂として感じていた。

人間の直観が霊界に眼を向けるやいなや、具体的な霊的存在たちの力に触れた。古い教えは、事物の思考内容がそこから流れてくるところの霊的力を、ミカエルと名づけた。この名称は今でも用いられている。

人間はかつて、ミカエルから思考内容をえていた。ミカエルは宇宙の叡智を管理する働きを意味していた。しかし九世紀になると、人びとはミカエルが思考内容を授けてくれる、とはもはや感じなくなった。思考内容はミカエルに管理されなくなった。思考内容は霊界から離れて、人間の個別的な魂によって管理された。

このようにして、人間の内部で自律的な思考生活が確立されていった。はじめのうちはまだ、自分の手に入れた思考内容に自信がなかった。この不確かさは、スコラ哲学の中にも生きている。スコラ哲学者は実在論者と唯名論者とに分けられる。トマス・アクィナスと彼に近い人びとを指導者とする実在論者は、思考内容と事物との共属性を昔ながらに感じていた。そして思考内容の中に、事物同様の現実的な力を見た。人間の思考内容は、事物から魂の中に流れ込む現実なのであった。

唯名論者は、魂が思考内容を形成する、と強く感じていた。思考内容は魂の中に生きている主観的なものであるにすぎず、事物とは直接の関わりをもたない、と思っていた。思考内容とは、人間によって形成された事物の名称にすぎない、と言うのである(人びとが語ったのは、「思考内容」ではなく、「普遍」であったが、このことは本質的には大きな違いではない。なぜなら思考内容は個物に比して常に普遍的な性格をもっているのだから)。

実在論者はミカエルに忠実であろうとした、ともいえる。思考内容がミカエルの領域から人間の領域へ移されたのだから、思想家として、宇宙叡智の本来の管理者であるミカエルに仕えようとしたのである。

唯名論者は、魂の無意識的部分の中でミカエルから離反し、思考内容の所有者をミカエルではなく、人間であると見做した。

唯名論は普及し、その影響は一九世紀の最後の三十年間まで続いた。一方、この時代にも宇宙の霊的事象を知覚できた人びとは、ミカエルが人類の知的生活の流れを辿っている、と感じた。今、ミカエルは自分の宇宙的使命の新たなメタモルフォーゼを求めている。それまでのミカエルは、思想内容を霊的外界から人間の魂の中へ流し込んでいた。一九世紀の七〇年代からのミカエルは、人間の魂の中で生き、そこで思考内容を形成しようとする。

それまで、ミカエルの霊統の人びとは、霊界の中で活動するミカエルを見ていたが、今や人びとは、ミカエルを自分の心の中に住まわせなければならない、と感じる。そして自分の思考生活をミカエルに捧げ、自由で個的な思考生活の中で、魂の正しい道をミカエルから学ぼうとする。

前世において、霊感を受けた思考生活をいとなんでいた人びと、つまりミカエルの従者だった人びとは、一九世紀末にふたたびこの世に生まれてきて、自由意志によるミカエル共同体に参加しようと渇望していた。その人びとは、かつて霊感を与えてくれたミカエルを、高次の思考生活における指導者と見做した。

こうした事柄に眼を向けることのできる人は、人類の思考生活に関して、一九世紀の最後の三十年間に、いかなる転換が生じたかを知ることができる。それまでの人間は、自分の本質からどのように思考内容が形成されたかを感じることができるだけだったが、この時代以降、人間はみずからの本質を越えて、霊的なものに眼を向けることができるようになる。そのときミカエルがその人の前に立ち、すべての思考生活に際して、昔からの仲間であることを明らかにする。ミカエルは思考内容を頭の領域から解放して、思考内容のために心の道を開いてくれる。ミカエルは心情の中から感動を解き放つので、人間は、思考の光の中で経験されるすべてに帰依して生きることができるようになる。こうして今、ミカエルの時代が始まったのである。

心《ハート》が思考内容をもちはじめる。感動はもはや単なる神秘的な暗闇から流れてくるのではなく、思考に担われた透明な魂から流れてくる。このことを理解することは、ミカエルを自分の心情の中に受け容れることなのである。霊的なものを把握しようとする現代の思考の働きは、焔に燃える宇宙思考を管理するミカエルのために、心の中から、鼓動する心臓から、発せられるのでなければならない。

（『人智学週報』以下同　一九二四年八月一七日）

ミカエル時代以前の人間の魂

今日は、「新しいミカエル時代のはじまり」を考えるのに必要なひとつの考察を加えておこうと思う。ミカエル時代は、一方では知的な思考力が発達し、他方では外的感覚世界（物質世界）に向けられた観察方法が発達したあとになって、今はじめて人類の進化の中に現れた。

以前の時代の人間に霊感として与えられた理念世界は、ミカエル時代が始まる前に、あらかじめ人間の魂の所有物となった。だからそのあとの人間の魂は、理念を「上から」、宇宙の霊的内容として、受けとろうとはしないで、自分から進んで人間自身の精神生活の中からそれを取り出してきた。人間はそれによってはじめて、みずからの霊的本性に目覚めるようになった。

それまでの人間は、みずからの存在のそのような深みにまでは達しなかった。自分の中に見たものは、宇宙の霊性の海から地上生活のために滴り落ちた一滴の水滴にすぎず、それは自分の地上生活が終われば、ふたたびもとの海に溶け込むべきものだった。

　思考の発達は、人間の自己認識における大きな進歩である。超感覚的な観点からすれば、このことは次のように言いかえられる。ミカエルと呼ばれる霊的存在たちは、霊的宇宙の中で諸理念を管理していた。人間の魂がミカエルの世界のいとなみに参加することによって、人間はこの諸理念を体験した。そして今、この体験が人間自身のものになった。それによって、一時、人間とミカエル世界との乖離が生じた。

　先史時代の人間は、霊感によって霊的世界の諸内容を受けとったが、この霊感が消え、人間が自分の力で思考力を働かせるようになったとき、人間はその思考に内容を与えるために、感覚的知覚に頼らねばならなくなった。つまり自分で獲得したみずからの霊性を物質的な内容で充たさねばならなくなった。みずからの霊的本質を、これまでよりもより高い段階にもたらした時代の人間が、唯物主義的な立場に陥ったのである。

　このことに関しては、容易に、間違った判断が下されてしまう。人は唯物主義への「転落」に眼を向け、そしてそれを悲しむことができる。しかしこの時代に、見方が外的な物質世界に限定されねばならなかった一方で、魂の内部では純化され、独立した霊性が発達するようになる。人間の霊性は、ミカエル時代においては、もはや無意識に体験されることなく、みずからに意識的にならなければならない。ミカエルの本性が人間の魂の中に入るということは、このことを意味している。

人間は、一定の期間、みずからの霊的なものを自然の物質的なもので充たしていた。しかし人間は今、宇宙内容である、みずからの本性を、本来の霊的なものでふたたび充たすべきなのである。みずからの冷たい抽象的な思考世界の中に、熱が、実体のある霊の現実が、入ってこなければならない。このことこそがミカエル時代のはじまりなのである。

宇宙の思考存在から離れなければ、人間の魂の深みの中に自由の意識を育てることができなかった。しかし今、高みから降りてきたものを、深みの中にふたたび見出すことができなければならなくなった。自由の意識は、はじめは外なるものを対象とする自然認識と結びついて発達した。人間は、内なる無意識の中で、自分の霊を純粋な理念にする一方で、外へ向けられた感覚は、物質的なものだけに向いていた。けれども物質的なものは、魂の中に現れた繊細な萌芽を、決して妨害したわけではなかった。

外なる物質的なものの観察には、霊的なものの体験が、霊的な観察が、新たにふたたび結びつくことができる。唯物論の時代に獲得された自然認識は、霊的な仕方で、内なる魂の中でとらえなおすことができるのだ。

「上から」語りかけてきたミカエルの言葉を、「内から」聴きとる。ミカエルは内なるところに新たな居を構える。次のようにも言えるであろう。長い期間宇宙から受けとってきた太陽の光が、今、あらためて魂の内部で輝きはじめる、と。人間は「内なる太陽」について語るようになる。人間は、誕生から死に到る人生の中で、みずからを地上存在として意識するが、地上を生きるみずからの存在を、太陽に導かれたものとして認識する。人間の内部において、或る霊的存在が人間を光に導く。その光は地上存在を輝かせるが、地上存在の中で点火された光なのではない。人間はこのことを真実と感じるようになる。

現在のようなミカエル時代のはじまりには、これらすべての事柄がまだ遠い先のことのように思えるかもしれない。しかしそれらは「霊においては」近い。それらはただ「見られ」なければならない。人間の諸理念が「思考する」状態に留まるだけではなく、思考の中で「見える」ようになるということ、このことに無限に多くのことがかかっているのだ。

（一九二四年八月三一日）

以前の道とミカエルの道

新しい理念世界と自然との関係について、今普及しているような考え方をするかぎり、人類の進化にミカエルがどう働きかけているかを正しい光のもとに見ることはできない。

今の人びとは次のように考えている。——外では自然がさまざまな経過を現わし、内ではさまざまな理念が生きている。その理念は、自然存在に諸概念を提供し、いわゆる自然法則を明らかにする。思想家のとるべき態度は、自然存在と正しい関係をもった諸理念、真の自然法則を含んだ諸理念をどのように形成するか、なのである。

このように考えるとき、それらの諸概念とそれを受けとる人間との間にどのような関係が存在しているか、を考える気には、あまりならない。それにも拘らず、人間が近代自然科学上の諸理念をどう体験しているのか、という問題を考えるのでなければ、事柄の本質に到ることはないのである。

ひとつの答えは次のような仕方で提示される。

今日の人間は、自分の内部の諸理念が自分の魂の活動によって形成されたのだ、と思っている。知覚内容だけは、外から自分の方へ働きかけてくるが、諸理念は自分が形成したのだ、と考えている。

人びとは昔からこのように考えてはいなかった。昔の人は諸理念の内容を、自分で形成したのではなく、超感覚的世界からの啓示によってえたのだ、と感じていた。

この啓示は、さまざまな段階を経て、次第に明確化されてきた。諸理念を人間本性のどの部分で体験するかによって、この段階が変わる。人間の「エーテル体」の中で体験される思考内容は、実体をもった、生きた力として、肉体にみずからを刻印づける。そして刻印づけられたこの思考内容こそが、通常の意識の中に存在する影絵のような思考内容にほかならない。

太古の時代、思考内容は直接「自我」の中で体験された。その時代の思考内容は影絵のようなものではなく、生きており、魂と霊の力に充たされていた。言いかえれば、人間は、みずから思考内容を考え出したのではなく、思考内容は具体的な霊的存在の知覚内容として体験されたのである。

先史時代の諸民族の意識は、霊的存在たちの世界を仰ぎ見ていた。その意識を今日の人は「神話的意識」と名づけ、現実世界を理解するのに、特別価値あるものとは見做していない。しかし、かつてこの意識を所有していた人びとは、自分の根源世界の中に生きていた。一方今日の意識を担った人間は、みずからの根源世界から切り離されて生きている。

人間は霊的な存在である。人間の世界は霊たちの世界なのである。

次の段階では、思考内容が「自我」ではなく、「アストラル体」によって体験された。この段階においては、直接的な霊性が魂の眼前から消えている。思考内容は、魂の宿った、生きた存在として現れている。

霊的存在たちを生まなましく直観できた第一段階の人びとは、直観したものを感覚的な知覚世界に結びつけようとは思わなかった。感覚的世界の諸現象は、超感覚的に直観された存在たちの行為の結果だった。彼らは「霊眼」が直接見たものについて、ことさらに科学を打ち建てようなどとは思わなかった。直観された霊的存在たちの世界は、非常に内容ゆたかであり、人びとは眼をただそこに向けさえすればよかった。

意識の第二段階においては、別な事情が生じた。そこでは霊的存在が具体的な姿を隠し、その残照だけが魂を宿した生命として、現れた。この「魂たちの生命」は、「自然の生命」と呼ばれるようになる。人びとは、自然存在や自然事象の中に、生きた霊的存在の働きを求めようとする。後の錬金術研究の中に、この意識段階の歴史上の表現が見出だせる。

人間は、第一の意識段階では、霊的存在を「考え」、まったくその存在の中で生きていた。この第二段階においても、自分と自分の根源とにまだ近い在り方をしていた。

この両段階においては、人間が本来の意味で行動をみずからの意志で行なうことなど、まったくありえなかった。霊的なものが、自分流のやり方で、人間の中で働いていた。人間が行なっているように見えても、それは霊的存在によって演じられる諸経過を現わしているにすぎなかった。人間の行為は、背後に存する真の神的、霊的な事象の感覚的、物質的な現れだったのである。

意識進化の第三段階は、エーテル体における生きた思考内容を、意識にのぼらせる。

偉大な文明を創造したときのギリシア人は、この意識の中に生きていた。思考するとき、みずから形成した思考内容を通して世界を見たのではなく、外なる事物や経過の中にも生きている生命がみずからの内に感じられたのである。

そしてこの段階のときにはじめて、みずからの「行動の自由」への憧れが生じた。まだ実際の自由を体験したのではなく、自由への憧れを体験したのである。

自然のいとなみを自分自身の内部で生きいきと感じとったとき、人間は、みずからの感動を、外なる世界のいとなみから切り離して、自由に、自分の内部で体験したいと願うようになった。外界のいとなみの中には、人間のいとなみと同質の、生きた霊界の最後の働きが感じられたからだ。

思考内容が「肉体」の中に刻印づけられ、意識がこの肉体の刻印の中でしか働かなくなったとき、そのときはじめて自由をまったく人間本性の属性と見做せる可能性が生じた。その可能性は一五世紀に始まる。

宇宙の進化にとって、今日の自然観の諸理念が自然に対してどのような意味をもつかが重要なのではない。なぜなら、それらの理念は、特定の自然像を提供するためにではなく、特定の進化段階へ人間を導くために、そのようなものとして存在しているのだからである。

思考内容が肉体にみずからを刻印づけるとき、その思考内容から霊、魂、生命の働きが失われる。そして肉体に付着した抽象的な影だけが残される。その思考内容は、物質的なものだけを認識の対象にすることができる。なぜなら、その思考内容は実際に、人体の物質部分にのみ結びついているのだからである。

唯物論が生じたのは、外なる自然の中の物質的な存在や事象だけが知覚できたからではなく、人間が進化の中で、物質の開示だけを見ることのできる意識段階を通過しなければならなかったからである。人間のこの進化要求の一面的な育成が、現代の自然観を生じさせたのである。

ミカエルの使命は、人間のエーテル体の中に、思考内容の影をふたたび生命化する力をもたらすことにある。そうできたとき、超感覚的世界の魂や霊たちが、生命をえた思考内容に身を寄せるであろう。そして自由となった人間がその魂や霊と共に生きるであろう。かつての人間も、魂や霊と共に生きていたが、当時の人間は、まだそれらの働きの物質的な模像にすぎなかったのである。

（一九二四年一〇月一二日）

アーリマン領界におけるミカエルの課題

これまでの進化のあとをふりかえり、これまでの五百年間の精神生活の特徴を観察するなら、人類がこの五百年来、地球紀の進化の重要な転換点に立っているのを、少なくとも予感として、通常の意識の観点からも、認めざるをえない。

現在の人間意識には、抽象的な死せる思考内容が現れているが、その思考内容は人間の肉体と結びついているので、人間は、それを自分が生み出した思考内容だと思わざるをえないでいる。

太古の人びとが今日の思考活動の諸分野に魂の眼を向けたなら、そこに神霊たちの働きを見たであろう。肉体をも含めた人間の存在全体が神霊たちの所産である、と思っていたのだから。しかしそのような神霊たちの所産であったのは、太古の人びとにとって、自分の存在だけではなく、自分の行為もまたそうであった。人間は独自の意志をもつ存在なのではなく、その行為は神の意志の現れだったのである。

時代がほぼ五百年前の時代まできたとき、人間は独自の意志をもつようになった。しかしそれと同時に、思考内容は、肉体に刻印づけられることによって、その生きた性格を失い、霊的に死んだ構成体になった。それまでの思考内容は、人間に属してはいたが、それだけではなく、同時にその人間の属する神的、霊的な存在たちの機能でもあったから、思考内容は人間の中で本質的であろうとしていた。そしてそのことによって、人間は、霊界との生きいきした結びつきを感じていた。

思考内容が死んでしまったことで、人間は今、霊界から切り離され、自分が完全に物質界に移ってしまった、と感じている。

しかし人間はその時、それと同時に、アーリマン界に移されたのである。高次のヒエラルキア存在がみずからの領界に人間を引きとめているかぎり、アーリマンの力は強力ではない。神々は太古の時代、人間自身の内部で働いていたし、後になっても、神々の魂と生命が人間の内部に残照として輝いていた。超感覚的存在の働きがそのように人間に及んでいるかぎりは、つまりほぼ一五世紀までは、人類進化の内部でのアーリマンの力は、それほど強力なものではなかった。

古代ペルシアの世界観がアーリマンの働きについて述べていることは、このことと矛盾しない。なぜなら、この世界観は、人間の魂の内部でのアーリマンの働きではなく、人間の魂の世界に隣接する霊界におけるアーリマンの働きを述べていたのだから。アーリマンの働きは、たしかにその隣接する霊界から人間の魂の世界にまで働きかけていたが、しかし直接人間の魂に干渉を加えているのではなかった。

アーリマンの直接的な干渉は、ほぼ五百年前に始まる現在の時代になると、可能になった。かくして人間は今、進化の流れの終末に立っている。今や人間の本性は、神的な霊性から疎外され、神的な霊性そのものも、人間の抽象的で知的な存在の中で、窒息してしまっている。人間はみずからの故郷であるこの神的な霊性の中に留まり続けることができなくなった。人間の意識にとって五百年前に始まったことは、人間存在全体にとっては、すでにゴルゴタの秘儀が地上に生じた時代に始まっていた。当時のほとんどの人間には知覚できなかったが、次第に人間の歩みは、アーリマンの働きの弱い領域から、その働きの強い領域へと移っていった。そしてこの移行がまさに一五世紀に完了したのである。

この新しい領域では、人間に親和的だった神々の働きが死んでしまっているので、人間に対するアーリマンの影響は、破滅的な力を行使することができる。それでもなお人間は、太初から人間と結びついていた神霊存在の働きの及ばぬこの領界の中に身を移すこと以外には、自由な意志を発達させる可能性が見出だせなかった。

宇宙的に見ると、この人間進化の過程の中には、「太陽の秘儀」が存在している。進化のこの重要な転換点にいたるまで、人間が太陽の中に知覚することのできたものは、人間の源流の神霊存在たちと深く結びついていた。しかしこの神霊存在たちは今や、太陽から離れ、太陽にはみずからの死せる部分のみを残してきた。それゆえ人間は、太陽を通しては、死せる思考内容の力しか自分の身体性の中に取り込めなくなった。

しかしこの神霊存在たちは、太陽からキリストを地上に送り込んだ。キリストはみずからの存在を、人類救済のために、神霊存在の死せる部分だけでなく、アーリマンの世界にも結びつけた。それゆえ人類は今、みずからの自由を確保するために二つの可能性をもつことが許されている。すなわち、超感覚的な直観から知性の行使にまで下降する際に、無意識に働いていた霊的態度を意識化してキリストを志向するか、または神霊存在から切り離れた状態で、みずからを体験しようと望み、それによってアーリマンの仕かけた罠に陥るかである。一五世紀初頭以来、人類は現在もなお、このような状況の下にある。

進化の過程は徐々に進行していくから、この状況もすでにゴルゴタの秘儀以来準備されていた。ゴルゴタの秘儀は、人間が自由な存在になるべきであるがゆえにこそ、人間を待ち受けている堕落から、人間を救済するために用意された、地上最大の出来事だった。

このような状況の中でも、これまでの人類は、半ば無意識的に行動してきた。そして半ば無意識的に、抽象的な理念の中に生きている自然観のよき側面にたどりつき、また同様に人生のよき諸原則にもたどりついた。

しかし、人間が危険なアーリマン領界の中で、無意識的に生きることの許される時代は過ぎ去った。私たちは、ミカエルが人類の生活の霊的指導を引き受けた、という霊的事実に人びとの注意を促さなければならない。ミカエルの行為は、人びとに影響を与えることではない。しかし人びとは、自由の中で、ミカエルに従い、キリストの力と共に、アーリマン領界からふたたび脱出する道を見出すことができる。

魂のもっとも深い本質において、真剣にみずからを人智学に結びつけようとする人は、このミカエルの働きを理解するであろう。人智学は、このミカエルの使命を知らせようとしているのだから。

（一九二四年一〇月一九日）

ミカエルが宇宙使命を成就するとき

人間はかつて神的、霊的な秩序に属しているという意識を担っていた。しかし現在は神的、霊的なものから離れた個性となって、思考内容をみずからのために利用している。

われわれは、超感覚的な観察によって、この人類意識の進化過程をミカエルとその眷属の側から辿ることもできる。この章ではそれを試みてみよう。

最古の時代、すべては神的、霊的な本性たちの下で経過した。すべては神々の行為の結果だった。神々はみずからの本性の命じるままに行為し、その行為の結果に満足していた。すべては神々の体験であった。神々の行為の一端を人間もまた担っていたが、それもまた神々の行為の一部分であるにすぎなかった。

けれども、そもそものはじめから、人類に眼を向けている霊的本性があった。それがミカエルである。ミカエルは神々の行為を選り分けて、宇宙の一隅で人類も働けるようにした。その際のミカエルの活動は、後に人間が現わす知性の活動に似ている。ただミカエルの働きは、理念秩序となって宇宙を貫きつつ現実を形成していく。宇宙的な知性を管理するのがミカエルの役目なのである。

ミカエルはその後もこの役目を引き受けていく。そして宇宙全体に働く知性を、人間の個性の中で集中的に働かせようとする。その結果、宇宙進化の過程の中に、宇宙が現在の知性ではなく、過去の知性でしか働くことのない一時期が生じる。現在の知性は人類の進化のために働いていたからである。

ミカエルは、人間の内部で発達する知性を、絶えず神的、霊的な存在たちとの関連の下におこうとする。

しかしそこに妨害が生じる。神々が知性をみずからの宇宙行為から分離して、それを人間本性の中に組み入れる過程は、明らかな事実として宇宙の中に存在している。この事実を見ることのできる存在たちがいれば、この事実を自分たちのために利用することができるであろう。

実際、そのような本性たちが存在する。それがアーリマン的な存在たちである。彼らは神々から分離した知性のすべてを自分の中に取り込む能力をそなえている。一切の知性を自分自身の本性と結びつけ、それによって宇宙のもっとも偉大で、もっとも広範囲な、そしてもっとも迫力のある知性となる。

ミカエルは、人間がますます知性を自分のために使用するようになれば、アーリマン的な存在たちと出会い、それらと結びつき、そしてそれらの手に落ちるであろう、と予見する。それゆえ、アーリマンの諸力をみずからの足下におき、その諸力を人間の生活領域よりもより深い領域の中に押し込める。龍を足で踏みしき、奈落に突き落とすミカエルの姿は、上に述べた事実が人間意識の中に浮かび上がった像なのである。

進化はさらに発展していく。知性ははじめはまったく神的な霊性の領域に存在していたが、今やそこから離れて、宇宙《コスモス》の魂になる。かつては神々から発した輝きが、今は神的なものを開示する星の世界から輝く。かつて世界は神の本性そのものに導かれていたが、今は客観的となった神の開示（知性）によって導かれる。そして神の本性はその背後で、みずからの進化のさらなる段階を通過していく。

宇宙知性を神的なものの開示として、理念界に流し込む際の、その宇宙知性の管理者はミカエルである。

宇宙知性がますますその根源から切り離されるにつれて、もはや星の世界での現在の理念秩序は神の開示として働かなくなっていく。星々は、過去に星々に移植された理念秩序に従って運行を続ける。ミカエルは、みずからが宇宙の中で管理してきた宇宙知性がますます地上の人間の魂をも支配するようになるのを認める。

しかしまた、ミカエルは、人類がアーリマンの手に陥る危険がますます大きくなるのにも気づいている。ミカエル自身はアーリマンを常に自分の足下においている。けれども人間もそうできるのだろうか。

地上最大の出来事が現れるのを、ミカエルは見る。キリストの本性がミカエルの働く領域の中から地上の領域へ降りてきて、知性が完全に人間個性の下に留まるときに、その人間と共に生きようとする。なぜなら、そのときの人間は、知性を完全に自分のものにしてしまったあの霊的権力に従おうとする衝動を、もっとも強く感じるようになるであろうから。しかしキリストは、その場に立ち合い、そしてアーリマンの生きる同じ領界で、大きな犠牲を行うことで、他者のためにみずからを捧げることの意味を示そうとする。人間がキリストかアーリマンか、そのいずれかを自分で択ぶことができるようになる。人類の進化は、キリストの道を見出すことができるであろう――

ミカエルは、宇宙の中で管理すべき知性をもって、このことを経験する。ミカエルは知性をみずからの管理対象の下に留めるために、宇宙から人類への道を辿る。それは西暦八世紀以降のことであるが、一九世紀最後の三分の一世紀になってはじめて、彼の役割は、宇宙での役割から地上での役割へ変化した。

ミカエルは人間を何事かに向けて強制することはしない。なぜなら強制の意味は、知性がまったく人間個性の領域に入ったことによって、失われたのだから。けれどもミカエルは、壮麗な手本となる行為を、感覚世界に隣接する超感覚世界の中で現わす。そうすることで、みずからが何を望んでいるかを、人びとに示す。

そのときミカエルは、霊光のオーラで、神々本来の知性の光輝と壮麗のすべてを開示する。アーリマンに発する誘惑の幻の輝きの中に現れる直接的な現在の知性のすべてよりも、この過去に由来するミカエルの知性の働きの方が、現在において、より真実であり、より美しく、そしてより有徳であること、彼にとってのアーリマンは、常に足下におかれた低次の霊であり続けることを、彼は明示する。

可視的世界に隣接する超感覚的世界を霊視する人びとは、以上に述べたような仕方で、ミカエルとその眷属たちが、人間のために行おうとしていることを見てとる。その人びとは、自由な人間が、アーリマン領界におけるミカエルの形姿を通して、自分たちもアーリマンから離れてキリストへ向うべきことを悟る。その人びとは、自分たちの霊視内容を、つまりミカエルが今人びとと共に生きていることを、他の人びとに知らせることができたとき、ミカエルの力を自分の中に生かすことができるのだ、と思う。そのときには、ミカエルが現実の力となって、人びとに働きかけるであろう。そのときの人間は、自由であり続け、しかもキリストとの深い結びつきの中で、みずからの霊の道＝生きる道を、宇宙を通して歩み続けるであろう。

（一九二四年一〇月二六日）

ミカエル＝キリストを体験する

ミカエルの存在と行為を直観的に、深い感情をもって受けとろうとする人は、前章に述べた神の本性、神の開示、神の作用以上に、神の作品としてのこの世の世界を、より深く理解できるようになるであろう。この世界に認識の眼を向けるということは、神的なものを明示する形態に眼を向ける、ということでもある。けれども、幻想にふけるのでなければ、そこが神自身の存在世界であるとは思っていない。

われわれが世界に認識の眼を向けるとき、人間を取り巻く世界の在りようがはっきりと現れてくる。そこに生きた神々の存在を見出だすことはできなくても、その世界の在りようを通して、神的な形態を感じとることはできる。そのような世界の中で、感情と意志とを働かせることが、日常生活にとっては、本質的なことなのである。

神の作品としての世界を本当に感じとることができたとき、ミカエルの本質とミカエルの行為とが輝き出る。ミカエルは物質界の中に現象することはなく、超感覚的領域の中で働き続けるが、その活動領域は、宇宙進化における現在の物質界に隣接している境域である。とはいえ、ミカエルの働きによって、人間の自然観が空想化されたり、人間の社会衝動が不必要な道徳律の下に置かれるかのような状況を生じさせたりすることは決してない。世界は神によって形成されたのだとしても、神の生きている世界ではないのだから。われわれは思考しつつ、そして意志しつつ、霊的なものの中に身を移すのでなければ、ミカエルのもとに到ることはできない。

したがって、われわれが霊的に生きることができるのは、一五世紀以来そうあらざるをえないような仕方で、認識し、生活することによって、ミカエルの開示に従うときでなければならない。この開示を光として受けとり、自然から受けとる思考内容をその開示によって照らし出す。さらにまた、その開示を熱として心の中に担うとき、神の作品である世界にふさわしく生きることができる。

そのときわれわれは、現在の世界を観察し体験するだけではなく、ミカエルが指示する過去の世界状態にも眼を向ける。まさにミカエルがその存在と行為とによって現在の中に持ち込んだ過去の世界状態にもである。

もしもそうではなく、今存在している、と人間が認識し体験している物質世界の中に、ミカエルがその行為を持ち込んだとしたら、現在の人間は現実に世界の中にあるものをではなく、かつて世界の中にあったものを経験するしかなかったであろう。そうなったとき、その幻想的な世界理解は、人間の魂をふさわしい現実から引き離して、ルツィフェル的な現実の中へ導き入れる。

　ミカエルが過去を現在の人間生活の中に作用させるやり方は、まさしく宇宙を霊的に進歩させるにふさわしいものであり、そこにはルツィフェル的なものは何も含まれていない。人間の魂を理解するには、ミカエルの使命の中にはいかなるルツィフェル的要素も含まれていない、ということを知っておくことが大切である。

　このようにして人類史の中に輝くミカエルの光に正しく向き合うことができる。このことは、キリストへの正しい道を見出すことでもある。

　認識し行為する人間を取り巻く環境世界に関しては、ミカエルが正しい方向づけを与えてくれる。一方、キリストへの道は、一人ひとりが自分の内部に見出さねばならない。

　過去五世紀間にもたらされた自然認識の在り方は、超感覚的な世界の認識をもそのような自然認識の在り方で体験するようにしてしまった。このことはまったく理解できることだ。

　自然のどこにも神は存在しえなくなり、その結果、世界を体験するとき、人間は自分を体験する機会をどこにも見出せずにいる。時代にふさわしい仕方で自然と向き合うときの人間は、自分が本来、超感覚的な存在であるにもかかわらず、その超感覚的な存在であることを確かめる手立てをどこにも見出すことができない。そのかぎりにおいて、人間はみずからの本性にふさわしい倫理的な生き方をすることができない。

そのような認識の仕方、そのような生活の仕方では、人間の超感覚的本性に関する、否、超感覚的世界そのものに関するどんな事柄とも出会う機会が見出せない。超感覚的領域は、人間の認識の及ばないところにいってしまった。だから認識の領域ではなく、信仰による啓示という超学問的、非学問的な領域が求められるようになる。

しかしキリストのまったく霊的な働きは、その領域とは別のところにある。ゴルゴタの秘儀以来、人間の魂にとって、キリストは手のとどくところにいる。キリストとの関わりが、不確かな、暗い神秘的感情による関わりに留まる必要はない。その関わりは人間によって深く、そして明瞭な仕方で体験されるので、まったく具体的な関わり方になることができる。

なぜなら、キリストとの共同生活によって人間の魂の中に流れ込んでくるのは、この人間の魂が自分自身の超感覚的な本性について知るべき事柄なのであり、そのような事柄として、信仰による啓示の中へ生きたキリスト経験が絶え間なく流れ込んでいるからである。キリストという存在は、人間の魂にその魂の超感覚的性質を直観させてくれる。そしてこのことを感じとることによって、人生をキリストに貫かれたものにすることができるようになる。

このようにして、ミカエル体験はキリスト体験と並置される。外なる自然に対しては、人間はミカエルを通して、正しい仕方で超感覚的なものへの道を辿るであろう。自然を体験することが、宇宙並びに（一宇宙存在としての）人間を霊的に体験することと肩を並べることができるようになる。

キリストを体験するとは、キリストに対する正しい態度を通して、魂とキリストとの生きた交流の中で、それまで伝統的な信仰と啓示としてしか受けとれなかったものを、経験を通して知るようになることである。外なる自然界が霊を担ったものとして体験されうるように、内なる世界の魂的体験は、霊の光に貫かれたものとして体験されるようになる。

人間がキリストの本性との共同生活にではなく、自分自身の超感覚的本性に関心を向けようとするならば、人間は自分自身の現実から引き離され、アーリマン的現実の中に引き入れられてしまう。キリストは宇宙の秩序に従って、人類の未来への衝動をみずからの内に担っている。人間の魂にとって、自分をキリストに結びつけることは、自分自身の未来の萌芽を、宇宙的に正しい仕方で、みずからの内に受けとることなのである。

人間が未来のいつか、宇宙の中でそうなるであろうような形姿を、すでに現在現わしている存在たちがいる。彼らはアーリマン領界に属している。正しい仕方でキリストと結びつくということは、正しい仕方でそのようなアーリマン的なものから守護されるということでもある。

＊

人間の認識の働きから信仰による啓示を守ろうと強く望む人びとは、人間が認識を通してアーリマンの影響を受けてしまうのを無意識におそれている。このことはよく理解できる。けれどもキリストを体験することで人間の魂の中に霊が恩寵ゆたかに流れ込むとき、はじめて本当にキリストを是認し、キリストをたたえることができるようになることをも、理解できなければならない。

未来においては、ミカエル体験とキリスト体験とが並び立っている。そのおかげで人間は、一方でルツィフェル的に思考と人生との幻想の中で迷うことと、他方でただ高慢を満足させるだけで、まだ自分の現在とはなりえない未来の形姿にアーリマン的に誘惑されることとの間にあって、正しい自由の道を見出すようになるであろう。

ルツィフェルの幻想に陥るとは、完全な人間になることでも、自由の道程を進んでいくことでもなく、神なる人としてのかつての段階に留まり続けようとすることである。アーリマンの誘惑に陥るとは、人間性の特定の段階に到るために、正しい宇宙的な瞬間が来るまで待とうとしないで、その段階を先取りしようとすることである。

ミカエル＝キリストは、人間がルツィフェル的権力とアーリマン的権力との間で、宇宙的に正しい仕方で、宇宙目標に向って歩み続けることのできる道の発端において、その目標へ向う方向づけの言葉として立ち続けるであろう。

（一九二四年一一月九日）

自由とキリスト衝動

現代におけるミカエルの働きを霊的に体験するためには、自由という宇宙存在に霊学の光を当てることができなければならない。

私の『自由の哲学』はこのことを述べてはいない。『自由の哲学』は、純人間的な認識力の所産であり、この認識力の及ぶ限り、霊の分野に赴こうとしている。霊の分野を認識することの可能性を論じたので、他の世界の存在たちと結びつく必要がまだなかった。とはいえ、『自由の哲学』は、自由に関して、ミカエルとの霊的な結びつきの中で経験されうる事柄を認識できるように準備している。

そしてそれは次の意味においてである。

自由が人間の行為の中で本当に生かされるとしたら、その自由の光の下で成就される事柄は、決して人間の肉体、エーテル組織に依存するものであってはならない。「自由なるもの」は「自我」からのみ成就されうる。そして「自我」の自由なる働きには、アストラル体が共に作用して、自我のその働きを肉体、エーテル体にまで及ぼしている。『自由の哲学』は、このことを論じている。

しかしこれは事柄のひとつの側面にすぎない。そして他の側面は、まさにミカエルの使命との関連の中で現れてくる。

自由を人間が体験するとき、それをどんな仕方であっても、エーテル体や肉体に作用させてはならない。もしもそうしてしまったなら、人間は進化の過程で、神的、霊的な本性からの開示の下に到達しえた段階から、完全に脱落してしまわなければならなくなる。

周囲の環境の中での神的、霊的な作品が与える体験は、人間の霊的なもの、すなわち自我に対してのみ影響を及ぼすことが許される。肉体やエーテル体の組織に影響を及ぼすことができるのは、進化の流れの中で、人間の環境の中でではなく、人間の本性そのものの内部で働く神的、霊的なものの本性と開示でなければならない。

けれどもそのような神的、霊的なものは、人間の本性の中で、自由の要素を生かすことがまったくできない。

このことが可能になるのは、人間を神霊存在と関わらせるような何かを、ミカエルが太古の進化期の中から現代の中に持ち込むときだけである。神霊存在は、現在では、もはや、物質体やエーテル体の形成に働きかけようとはしない。霊界との自由な交流は、決して人間の肉体やエーテル体にまでは及ばない。その範囲内で、神霊存在との交流のための基盤を作ることが、ミカエルの使命なのである。

魂の深層で働く無意識が、ますます物質と深く結びつきつつある現在の精神的状況の中で、ミカエルによってどのように人間本性が霊界の中へ導き入れられるかを見るのは、本当に感動的である。

自然の事物や自然の経過に結びつくだけでなく、ミカエルの使命にも結びつこうとするのでなければ、現代の人間は宇宙にどう対したらいいか、ますます分からなくなっていくだろう。人間は外的な仕方で自然との関係を考察している。しかし霊界との関係は、内的な仕方で霊眼に映し出される霊的本性と対話することから始められる。

したがって、人間が自由の衝動を生かすためには、宇宙から働きかけてくる自然諸力を、自分の本質から切り離すことができなければならない。意識の領域で自我が自由に働いているとき、無意識の中でこの切り離しが行なわれている。

人間の内的知覚にとっては、意識が自由に働いていなければならない。けれども霊界からやって来て、人間と結びつく霊的存在たちにとっては、このことはあてはまらない。人間の輪廻転生のために働く天使が、自由な人間行為に対してどういう態度をとるかを考えれば、このことはただちに明らかになる。

人間は自由であろうとするとき、宇宙の力を自分の外に排除しようとする。宇宙の力が、ミカエル時代の以前から、輪廻転生の繰り返しの中で、必要な物質的な支えを人間の自我組織に与え続けてきたにも拘わらずである。

大天使の位階に属しているミカエルは、天使たちから人間についての印象を受けとっている。ミカエルの使命は、ここで述べたような仕方で、自然の働きによって抑圧されている力の代わりになりうる宇宙的＝霊的な力を人間に提供することなのである。

ミカエルはゴルゴタの秘蹟と完全に一致するように働くことで、この使命をまっとうする。

地球進化のためのキリストの働きの中には、抑圧的な自然衝動の代りになることのできる諸力が存在している。ただその働きを受けとるためには、人間が魂を、本当に内的な仕方で、キリストと結びつけなければならない。そのことについては、すでにこの場所で、連続講義『ミカエルの使命』（一九一九年）の中で述べた。

人間は、物質の太陽から、熱と光をひとつの現実として受けとる。同様の仕方で人間は、霊の太陽であるキリストと向き合わなければならない。キリストはみずからの存在を地球とひとつに結びつけた。そのキリスト＝太陽からの熱と光を、みずからの魂の中に生きいきと受けとらなければならない。

「みずからの中のキリスト」を体験する人は、自分が「霊の熱」に貫かれていると感じ、その熱が自分という人間存在を宇宙の拘束から解き放してくれるのを知ることができる。

われわれは、もはや宇宙に拘束されたままでいることが許されないのだ。太古の神霊存在は、自由を獲得することができるように、お前を導き、みずからがお前のところに留まることのできないような領域（物質界）に到らしめた。その代り、お前にキリストを与え、太古の神霊存在がかつて自然の道であり、同時に霊の道でもあった道の上で与えたところのものを、キリストによって自由なる人間であるお前に与えられるようにしてくれたのだ。霊の熱は、お前がそこから発したところの神的なものに、ふたたびお前を立ち戻らせてくれる。

――このような実感の中で、魂の中に熱を感じとりながら、キリストの中に、キリストと共にいる自分を体験する人は、人間の真実を体験する。――「キリストは私の人間本性を私に授ける」。この言葉が基礎感情となって魂を貫き通る。そしてこの感情が存在するときはじめて、もうひとつの感情もまた現れる。すなわち、人間はキリストを通して、単なる地上存在であることを超越している、と感じるようになる。地球を取り巻く星々とひとつであると感じ、その星ぼしの中に認められる神霊存在とひとつであると感じるようになる。

霊の光についても同じことがいえる。人間は自分が自由な個性であると思えたときにのみ、みずからの人間存在を充実したものと感じる。とはいえ、まだ魂の闇は完全には消えていないし、太古の神霊存在はふたたび輝こうとはしない。

キリストが、人間の自我にもたらす光の中に、太古の根源の光がふたたび現れる。キリストとの共同生活の中での浄福な思いは、太陽のように魂全体を照らし出す。壮麗な太古の光がふたたび現れ、自然の光ではなく、霊の光となってふたたび輝く。人間は、まだ自由な個性ではなかった過去の時代の霊的な宇宙の輝きと、今ふたたび、ひとつに結ばれる。

認識の力によって魂がミカエルの使命と結びつくとき、この光の下に立つ人間は、人間本性を正しい方向へ導く道を見出すことができる。

そのとき人間は、霊の熱の中で、衝動を感じとり、その衝動によって宇宙の未来へと導かれる。その時には、どんなに自由な生き方をしていても、神霊存在たちの根源の贈りものに忠実であり続けるであろう。そして霊の光の下で、ますます高次の、ますます広大な意識を与えられつつ、この世の世界の中に導かれていくであろう。自由な人間はこの世の中でこそ、根源の神々とふたたび出会うべきなのだから。

根源の存在に留まること、人間の中に働く根源の素朴な神々の善を保持し続けること、自由を完全に行使することにおそれおののくこと、それは現代という時代を否定しようとするルツィフエルの手にみずからを委ねることである。現代においては、一切が人間の自由なる発展を志向しているのだ。

今のままの状態に留まること、知性によって獲得されうる自然の法則性、善に対して中立の態度をとるその法則性だけを妥当させようとすること、自由を知性の中でのみ行使しようとすること、それは現代の世界においては、この世をもっぱら知的な宇宙に変化させようとするアーリマンの手にみずからを委ねることである。現代においては、魂の表層に働く自由のいとなみを、魂の深層の中でも継続させていかなければならない。

外界へのまなざしをミカエルへ向け、魂の内へのまなざしをキリストへ向けるとき、宇宙の道を歩むにふさわしい確信がもてるようになる。この宇宙の道でこそ、みずからの根源を見失うことなく、正しい未来が成就されるに違いない。


（一九二四年一月一六日）

ミカエルと愛

ミカエルとアーリマンの関係を考察すると、次のように問わざるをえなくなる。この二つの霊的存在は宇宙的関連の中で、互にどのような関係にあるのか。

この両者は知的な作用力を行使している点では共通している。ミカエルは知性を過去の宇宙の中で、発達させてきた。ミカエルは知性を、ミカエル自身ならびに人間を発現させた神霊に仕えるために発達させた。ミカエルは知性のこの在りようを維持し続けようとしている。知性が神霊存在から切り離されて、人間の内面に入ったとき、ミカエルは人間との正しい関わり合いの中で、この知性の在りようを維持しようとした。ミカエルはこれらすべてを、神霊の意図に応じた仕方で、神霊に仕えるために行なった。したがってミカエルの意図は、未来においては、知性が人間の頭ではなく、人間の心を通して流れるようにすることなのである。もともと知性は、太初に神霊の働きから流れ出た力なのだから。

しかしアーリマンの場合はまったく異なる。この存在は、ずっと以前から、神霊の働きによる進化の流れから切り離されていた。アーリマンは太古の時代から、独立した宇宙存在として、神霊存在と並んで存在していた。

アーリマンは現在、人間の属している空間世界にいるが、しかしこの世界に属している他の諸存在たちとの関係を育てようとはしていない。しかし神霊存在から切り離された知性がこの世界に入ってくるとき、アーリマンはこの知性を身近なものと感じて、自分流の仕方で、その知性を通して人間と結びつく。アーリマンは、人間が現在宇宙から受けとるこの贈りものを、すでに太古の時代に手に入れていた。だからアーリマンは、もしも自分の意図を実現できたら、人間に与えられた知性を自分自身の知性と似たものにしようとするであろう。

アーリマンは、知性を獲得したとき、その知性を内面化できなかった。知性は心や魂とはまったく関わりのない力であり続けた。知性は冷たい、魂の欠けた宇宙衝動となって、アーリマンから流れ出る。そしてこの衝動にとらえられた人間が発達させる論理は、無慈悲で愛を失っている。人間は自分のためにその知性を行使しているように見えるが、実はアーリマンがそこで語っているのである。したがって、人間が考え、語り、行なう事柄と人間の内なる魂の在り方とが、そこでは少しも結びついていない。

一方、ミカエルは知性を自分のために獲得したのではない。神霊の働きとの結びつきを感じながら、神霊の力としての知性を管理している。ミカエルによって、知性は心や魂の表現であると同時に、頭と精神との表現でもある可能性を示している。ミカエルは自分の神々と人間の神々との本源的な力をみずからの中に担っている。ミカエルは知性を冷たい、魂を失ったものにしようとはせず、あたたかく、内面的な、魂の力にあふれた知性の傍らに立っている。

だからミカエルは真剣な態度で宇宙を遍歴する。内面において知的内容とそのように結びついているということは、主観的な思いや願望や欲求をこの内容の中へ持ち込まないことを意味している。そうでなければ、論理は宇宙の表現ではなく、特定の存在の好みの問題にすぎなくなってしまう。

ミカエルは自分の存在を宇宙存在の表現にする。内面の独自の働きは、すべてそのままこの内面に残しておく。それを自分の特性として残しておく。そして心を宇宙の偉大な関連に向ける。ミカエルの表情はそのことを物語っている。人間に向けられたミカエルの意志は、宇宙の中に見たものを映し出している。ミカエルの態度、身振りがそのことを物語っている。ミカエルは、すべてにおいて真剣である。なぜなら、或る存在の開示する真剣さとは、この存在が映し出す宇宙の相にほかならないのだから。

ミカエルの働きは時の経過を通じてなされる。その本性である宇宙の光を担い、宇宙の熱をみずからの本質の告知者として、宇宙のあらゆるところから地球に力をもたらし、世界を肯定するために、みずからをも肯定する。

一方アーリマンは時間から歩み出て、空間を支配しようとする。アーリマンはみずからの周囲を闇で包み、その闇の中へ自分の光だけを放射する。その意図を実現すればするほど、みずからの周囲を寒気で充たす。アーリマンの行動世界は、アーリマンみずからの本質の中に収斂されていく。その世界にあって、アーリマンは、その世界を否定し、そして自分だけを肯定する。まるで暗黒の洞窟の無気味な力を携えているかのように、ふるまっている。

人間が利己主義に陥ることなく自由を求め、その自由が行為への純粋な愛となるならば、ミカエルへ近づく。利己主義を満足させるために自由を行使し、その自由によって自分の行動を輝かせ、高慢な感情を育てるならば、アーリマンの領域へ陥る。

以上は、人間の行動への愛（ミカエル）の結果であり、行動する自分への自己愛（アーリマン）の結果である。

自由なる存在としての人間がミカエルの近くにみずからを感じるとき、知性の力を自分の「全人間」の中に取り込む。人間は頭で考えるが、しかし心は思考の明と暗を感じとる。意志は思考内容を意図に変える。その意図を自分の中に流し込ませるとき、人間はみずからの本性を開示する。人間は世界の表現となることで、ますます人間となる。みずからを求めずに、愛の中で、意志しつつ世界と結びつくとき、人間はますます人間になる。

自由を主張する人間がアーリマンの誘惑に陥るとき、精神の自動人形になってしまう。人間は部品となってしまい、もはや人間であるとは言えなくなる。思考はすべて、頭の体験となり、その体験は心の体験でも意志の生活でもない。固有の存在は抹消される。

しかし人間がもっぱら固有存在の表現だけになってしまえば、内的に本質的な人間表現であることがますますできなくなる。みずからを求めることによって、みずからを失う。世界を愛そうとしないで、世界から逃れることしか考えなくなる。人間は世界を愛するときにのみ、真の自分を体験するのだ。

以上に述べたことからも明らかなように、ミカエルはキリストへの導き手なのである。ミカエルは、存在と態度と行為のどの部分においても、愛をもって世界に働きかける。ミカエルと結びつく人間は、外界との関係において愛のために働く。そして愛はまず外界との関係において発達するのでなければならない。そうでなければ、自己愛に陥ってしまう。

この愛がミカエルの望むとおりに働くならば、他者への愛の輝きが自分自身をも照すようになる。みずからを愛することなく、みずからを愛することができるようになる。そしてこのような愛の道の途上で、キリストが人間の魂によって見出される。

ミカエルの側に身をおく人は、外界との関係の中で愛を育て、それによって、魂は内面世界との関係を見出す。そしてこの関係こそが、キリストとの出会いを可能にする。

今始まっている時代は、物質界に隣接する霊的世界を見るように求めている。ミカエルの本性やミカエルの使命について述べてきた事柄は、この世界の中に見出せる。実際、人間が自然界だと思っている物質世界は、人間が直接生きている世界なのではなく、真の人間界の遥か下に位置する世界なのである。そしてミカエルの世界は人間界の遥か上位に位置している。ただ人間は、物質世界についての像を作るとき、無意識にではあっても、別の世界の像をも生じさせていることに気づいていない。人間はこの物質世界の像を描くことによって周囲から遮断され、霊的な自動人形化に陥っているのである。人間が人間性を保つことができるためには、自然の像に没頭しながら、この像にミカエルの支配する世界の像を対比しなければならない。ミカエルがキリストへの道へ導いてくれる像をである。

（一九二四年一一月二三日）

大宇宙のための地球と人間の役割

これまでさまざまな仕方で、宇宙と人類との関係を考察してきた。人間はみずからの生きる力を地球外の宇宙から受けとる一方、人間に自意識を与える力を地球そのものの内部から得ている。これが人間にとっての地上界の意味である。では一体、その地上界は、大宇宙にとってはどんな意味があるのか。

この問いに答えるには、すでに述べた事柄に、もう一度眼を向けなければならない。直観する意識にとって、はるか遠い過去に眼を向ければ向けるほど、大宇宙はますます生きいきと現れてくる。遠い過去における大宇宙の生命のいとなみは、もはやどんな計算によっても、とらえることができない。そして今、人間はそのような生命から切り離されてしまい、大宇宙はますます計算可能な領界の中に入り込んでしまった。

しかしそれによって、大宇宙は次第に死滅するようになる。小宇宙である人間が独立して大宇宙の中から立ち現れてくるのに応じて、大宇宙は死滅していく。

この死滅した大宇宙が今の宇宙の姿なのである。しかし大宇宙の生成期には、人間だけではなく、地球もまた大宇宙から出現した。

＊

自己意識のための力を地球から受けとる人間は、地球の本質を見通すには、あまりにもその近くに立ちすぎている。意識魂の時代になって、自己意識が十分に発達するようになったとき、人間は宇宙の空間的なひろがりに眼を向け、宇宙の広大な物質空間に較べると、地球はほこり粒のようにはかない、無意味な存在でしかない、と思うようになった。

したがってこの「ほこり粒」の本当の宇宙的な意味が霊的な観点から明らかになったとしても、はじめはそれを奇妙なこととしか思えない。

＊

地球の鉱物的な根底には、他の領界が、植物界と動物界とが組み込まれている。

それらすべての中に生きて働く力は、季節と共にさまざまな現れ方をしている。植物界に眼を向けてみよう。植物は秋から冬にかけて、みずからの物質存在を死に向わしめる力を現わしている。しかし霊的に見ると、この冬の植物形態の中に、大宇宙を死に追いやる力の本質が現れている。春から夏にかけては、成長する植物の生命力が現れている。しかし霊的に見ると、この成長する力の中に、年ごとの植物の恵みを生じさせる力だけではなく、生命力の余剰も現れている。その余剰とは、発芽力のことにほかならない。植物の中には、葉や花を開かせ、実を結ばせるのに必要な力以上の発芽力が含まれている。その過剰な発芽力は、霊的に見ると、地球外の大宇宙の中に流れ込んでいる。

けれども同じように、鉱物界の過剰な力もまた、地球外の宇宙の中に流れ込んでいる。この力は、植物から流れ出る力を大宇宙の必要なところにまでもたらす、という課題を担っている。

この鉱物の力の影響の下に、大宇宙の新たな生成が植物の力から生じる。

同様に動物から生じる力が存在する。しかしこの力は、地球から放射される鉱物と植物の力と同じ意味で働くのではなく、鉱物の力によって宇宙の中へ担われていく植物の形成力が球形を保ち、それによってあらゆる面が閉ざされた大宇宙の物質の存在形態が生じるように働くのである。

霊的に見ると、地上界はこのように現れている。地上界は、死せる宇宙の内部にあって、新たに生命を与えるような在り方をしている。

空間的に見ればとるにたりない、小さな植物の芽から大きな植物が、古い植物が死滅するたびに、ふたたび新たに形成されるように、地球という「ほこり粒」から、新しい大宇宙が、古い大宇宙が死滅するたびに、生成する。

これこそが地球の真の存在意味である。地球のいたるところに芽生える力が働いている。自然界の中のこの芽生える力が感じとれたときにのみ、われわれは自然界を理解できるようになる。人間は、この芽生える生命の中にあって、みずからの地上生活の意味をまっとうする。人間は、この芽生える力にも、死滅する生命にも、関与している。死滅する生命からは、思考力を受けとる。過去のまだ生きていた大宇宙から生じたときの思考力は、人間の自己意識の基礎とはなりえなかった。それはまだ自己意識をもたぬ人間の中で、成長力として働いていた。

*

思考力は、それ自身が自由な人間の自己意識の基礎となるべきであるなら、独立した生活をいとなむことは許されない。宇宙の太古の生命存在の死せる影となって、死滅した大宇宙と共にいるのでなければならない。

他方、人間は地球の芽生えるものにも関与している。人間の意志力がそこから生じる。その意志力は生命である。しかし人間の自己意識は、その意志力に関与しない。その意志力は、人間存在の内部の思考の影の中で働いている。

この思考の影もまた意志力に作用を及ぼす。そして芽生える地球存在の中で発展する自由な思考内容の作用を受けて、自由な人間の完全な自己意識は、意識魂の時代になると、人間の中へ入り込み、そこで働く。

過去が影を投げかけ、未来が現実性の萌芽を含みながら、人間本性の中で過去と未来が互いに出会っている。そしてこの出会いこそが、現代人の生活なのである。

直観する意識が物質界に隣接する霊の領域である境域に赴いて、ミカエルの働きに出会うとき、以上の事実はただちに明らかになる。

地上生活の根底に宇宙の萌芽が感じとれたとき、一切の地上生活の意味が透明になる。どんな植物形態も、どんな石も、否、地球全体が、新たに甦るべき大宇宙の胚種なのだ。このことを地球は、その生命と形姿とによって明示している。人間の魂がこのことに気づくなら、地上のどんな存在も新しい光の下に現れるであろう。

この事実に即して、自分の思考の働きを生きいきと甦らせるように一度試みてみよう。そうすれば、思考内容が人間の心にとって何を意味するのか、感じとることができるであろう。

（一九二五年二月一日）

記憶力と自由

われわれ一人ひとりの記憶力の中には、宇宙的な力の模像が生きている。先回の考察で述べてきたような仕方で、この宇宙的な力はこれまで人間に働きかけてきた。そしてこんにちでも働き続けている。特に生長力として、人生の背後の生命衝動として、働き続けている。そして今、その働きの一部分が、記憶力となって、意識魂の時代の意識魂に働きかけている。

この意識魂の時代の記憶力を正しい光の下に見なければならない。宇宙進化の今の時点で、人間が感覚を通して知覚するとき、この知覚の中で宇宙の姿が一瞬の間だけ輝き出る。感覚の働きが外界へ向けられるとき、この輝きが現れて、意識を明るく照らす。感覚がもはや外界へ向けられなくなると、それは消えてしまう。

そのとき人間の魂の中に輝き出るものは、持続することが許されない。なぜなら、もしも人間がその輝きをすぐに意識から取り除かなかったら、その意識内容に我を失ってしまったであろうから。自分はもはや自分自身でなくなってしまうであろう。一瞬の間だけ、ゲーテが非常に興味をもった、いわゆる「残像」となって、この「輝き」が意識の中で知覚される。この意識内容は、存在になってしまってはならない。それは像であり続けねばならない。鏡の像が現実でないように、それは現実であってはならない。

もしも意識の中に現実として生きるもの、それ自身の力で持続するものが働いていたら、人間は我を見失ってしまい、もはや自分自身ではありえないであろう。

それゆえ外界の感覚的知覚は、人間の魂の内なる絵画制作、実体のない画像表現なのである。現れそして消える画像であり、虹のようにまったく痕跡をあとに残さない。そのように知覚内容は、現れては消える。知覚はそれ自身の本質によって、思い出をあとに残さない。

しかし同時にどの知覚行為においても、人間の魂と外界との間に、別の経過が生じる。それは魂のより背後でいとなまれる無意識の経過であり、生長力と生命衝動が働くときの経過である。魂のいとなみのこの部分での知覚に際しては、消えていく模像だけでなく、持続する現実のイメージも現れている。人間はこのイメージを保ち続けることができる。なぜならそれは宇宙内容としての人間存在と関連しているのだから。この経過が生じるとき、人間は我を失うことはありえない。その経過は、意識をもつことなしに生長し、発育していくときの生命過程と同じなのだから。

人間がみずからの内部から取り出す記憶像は、外的な知覚経過と共に生じたあの第二の経過における内的な無意識的な知覚である。その知覚においても魂は描くが、しかしそのときは人間自身の内部で生きている過去を描く。

その場合も、意識の中では、持続する現実であってはならない。ただ生じ、そして消えていく像を作るだけである。そのように、人間の魂の中では、知覚が表象や記憶と結びついている。

しかし記憶力は、自己意識的な人間が我を失わないために、みずからの力以上の力をもとうと努めねばならない。なぜなら記憶力は、人間進化における過去の残像であり、ルツィフェルの勢力圏内にあるのだから。ルツィフェルは、人間の中の外界の印象を強めて、常に外界が意識の中で表象となって輝くようにしようとする。

このルツィフェルの努力は、もしもミカエルの力がそれに対抗して働かなかったとすれば、成功をおさめたであろう。ミカエルの力は、内なる光の中に描かれたものを存在に固定せず、現れては消える像にしておこうとする。

ルツィフェルによって人間の内部から引き出される過剰な力は、ミカエルの時代においては、ミカエルによって霊視する力に転化される。霊視力が今、次第に人間の知性の働きの中に取り入れられる。そしてそのおかげで、人間の現在の意識は、持続する現実に悩まされることなく、現れ、そして消える像の中で働き続ける。

しかし人間の霊視力は、その働きを高次の霊界にまで及ぼす。ちょうど記憶力が自分の人間本性の中に働きを及ぼすように。人間は霊視力を自分の中にしまっておくことはできない。霊視された内容は、宇宙存在の中に描き込まれる。そして人間は、宇宙存在からこの霊視内容を、何度でも取り出して、表象する意識生活の中で模写することができる。

このようにして、ミカエルが人間の内部で固定化されないように護っている霊視内容は、霊界によって受けとめられる。人間の意識的な霊視力による体験内容は、宇宙内容となる。そうなりうることこそが、ゴルゴタの秘儀のたまものなのである。地球と結びついたキリストの力は、人間の霊視した内容を宇宙に刻み込む。キリストの力が地球と結びつかず、太陽の力として外から地球に働きかけていたときのキリストの力は、すべての生長衝動、すべての生命衝動となって、人間の内部へ入ってきた。人間はそれによって、宇宙から形成され、維持された。キリスト衝動が地球と結びついて働きはじめてから、人間は自己意識的存在となって、宇宙にふたたび返される。

かつて人間は宇宙存在から地球存在になった。地球存在として、自分自身となったあとに、彼はふたたび宇宙存在となるように定められている。

人間が一瞬一瞬の表象活動において、存在の中にではなく、存在の影像の中に、像の中に生きているという事実の中にこそ、自由を発揮する可能性が存している。意識におけるすべての存在は、強制的である。しかし像は強制できない。その像の印象によって何かが生じたとしても、それはまったく像から独立して生じる。

人間は、みずからの意識魂が存在から離れて、存在しない像の中で生きるとき、自由になる。ここで重要な問いが生じる。人間が存在を捨てて、非存在の中に落ち込むなら、もはや存在しなくなってしまうのだろうか。

この問いと共に、われわれは大きな宇宙の謎の前に立っている。

意識の中で体験される表象は、宇宙から生じた。宇宙に向き合う人間は今、非存在の中に落ち込む。人間は表象の中で宇宙のすべての力から解放される。人間は宇宙を外側から描く。もしそれだけだったなら、人間存在の中で宇宙的瞬間に自由が輝き出るであろう。しかしそれと同時に、人間本性もまた解消してしまうであろう。

しかし、表象において人間が宇宙から自由になるとき、無意識的な魂の生活をいとなむ人間は、以前の地上生活や、死後の生活とも結びついている。意識的な人間は像の中で存在し、無意識の人間は霊的現実の中で生きている。現在の人間自我が、自由を体験する一方で、過去の自我は存在の中を生きている。

存在に関していえば、表象する人間は宇宙的、地上的な過去の中で獲得できたものにまったく身を委ねている。

人間が自由な存在となって無の深淵を飛び越えることができるのは、人間の進化がまさに現在の段階に到ったからである。ミカエルの働きと、キリスト衝動とが、この跳躍を可能にするのだ。

（一九二五年二月二二日）

人間と宇宙の共属性

人間にとって宇宙は、まず地球の側から、そして星々の世界から開示される。人間は地球の作用力に身近なものを感じている。生活がそのことをはっきりと教えている。現代人は星空の環境に対して、地球に対するほどの親近感をもっていない。しかしこのことは、人間がエーテル体を意識できないでいるかぎりにおいてしか続かない。霊視によってエーテル体を知ることは、肉体意識によって地球を知るのと同じように、星々の世界との共属感情を育てることなのである。肉体にとっての作用力が地球の中心点から発せられるように、エーテル体を宇宙と結びつける力は宇宙の周辺から働きかけてくる。

しかし宇宙の周辺から地球に流れてくるエーテルの力と共に、人間のアストラル体の中に働く宇宙衝動もまた生じる。

アストラル諸力は、エーテルの海の中を泳ぎながら、あらゆる宇宙の果てから地球にやってくる。

しかし現在の宇宙期においては、鉱物界と植物界だけが、エーテルの波に乗って地球へ流れ込むアストラルの働きと直接関わっている。動物界も人間界も直接それと関わってはいない。

霊的に見ると、動物界の場合、現在地球に流れてくるアストラルの働きではなく、月紀に流れてきたアストラルの働きが動物の胎児の中でまだ生き続けている。

植物界の場合、現在のアストラルの働きはエーテルの海から植物世界に直接作用し、それによって見事なる多様な植物形態を作り出している。

動物界の場合、月紀に作用していた太古のアストラルの働きが霊的なものの中から取り出されて作用し続けているが、その作用力は現在霊界の中に留まり続けて、エーテル界の中へ入ってこない。このアストラル作用は、同様に以前の地球進化期から存続してきた月紀の力を通しても働く。

それゆえ、現在の動物界は、以前の地球進化期において外的に自然的に開示された衝動の結果として現れている。一方、その衝動は、現在の宇宙期においては、地球を貫いて流れる霊界の中に戻ってしまっている。

さて、霊的に見ると、動物界では、肉体とエーテル体にアストラル体が浸透するとき、現在の地上世界に太古から保持されてきたアストラルの力が重要な働きをしているが、しかし動物が一度アストラル体をもつようになると、その動物の中で太陽の衝動が有効に働くようになる。太陽の働きは動物にアストラル的なものを与えることができないが、しかしその太陽の働きは、アストラル的なものがすでに動物の中にあるときには、必ず成長、養分摂取などのために働いてくれる。

　人間界の場合は異なっている。人間界もまたアストラルの力を月の諸力から受けとる。しかし動物界にとっては無効であるが、人間のアストラル体には有効に働き続けるアストラル衝動が、太陽の諸力の中に含まれている。その太陽の諸力は、ちょうどはじめて人間にアストラル性が浸透したとき、月の諸力が有効に作用していたように働くのである。

　動物のアストラル体の中には、月紀の世界が現れている。人間のアストラル体の中には、太陽界と月界の調和的な諧音が響いている。

　人間が自己意識を育成するために、地上に働く霊的なものを受容できるのは、人間のアストラル体の中のこの太陽諸力のおかげである。アストラルの力は宇宙の周辺から流れてくる。現在流れてきて作用するか、太古に流れ込み、保存されたままに作用するかのいずれかである。しかし自己意識の担い手である自我を形成する働きはすべて、必ずひとつの星の中心点から輝き出る。アストラル的なものは周辺から働きかけ、自我的なものは中心点から働きかける。星である地球も、その中心点から人間自我に衝動を与える。どの星も、或る本性の自我を形成する力を、みずからの中心点から輝き出している。

これが星の中心点と宇宙の周辺との両極性の在り方なのである。

このことから明らかになるのは、動物界が今日存在するのは、以前の地球進化力の成果なのであり、動物界は保持してきたアストラルの力を使いつくしたら、消え去らねばならない、ということである。それに反して、人間の場合には、太陽的なものから新しいアストラルの力を獲得し、それによって、未来へ向けて進化し続ける。

以上のことから分かるように、地球との関連だけでなく、星との関連をも意識するのでなければ、人間の本性は理解できない。

人間の自己意識を発展させるのに必要な働きは、地球の内部で作用している霊界にも由来している。太陽の力は、人間のアストラル体が必要とするものを人間に与えるが、そのことは太陽紀に働いていた諸作用に由来している。太陽紀の地球は、人類の自我衝動を発展させる能力を受けとった。地球が太陽的なものから保持してきたのは、その当時の霊的なものなのであるが、しかしその霊的なものは、現在の太陽の働きによって死滅しないように護られている。

*

地球はかつて、みずからが太陽だった。当時の地球は霊化されていた。現在の宇宙期における太陽の力は、外から働きかけてくる。この太陽の力は、太古からの、すでに古くなった霊的なものを、絶えず若返らせている。同時に現在作用しているこの太陽の力は、太古に由来する霊的なものがルツィフェル的なものの手に陥らないように護っている。なぜなら、現在の諸力に受けとられられずにいるものは、ルツィフェル的なものの手に陥るからである。

地球外の宇宙と人間との共属感情は、この宇宙期においては、弱められてしまっており、人間はこの共属感情を意識化できずにいる。その感情は、弱められているだけでなく、地上的なものとの共属感情によって打ち消されている。

人間は自己意識を地上で働かさなければならないから、意識魂時代のはじめに、地上的なものと癒着してしまった。したがって地上的なものが本来の場合よりも、はるかに強く人間に作用している。人間はいわば感覚世界の印象に麻痺させられている。そのような人間は、みずからの中の自由な思考を十分に働かせることができない。

一九世紀後半からは、時代全体が感覚の印象に麻痺させられてしまった。時代が大きな幻想の中におかれ、感覚世界を生きること以外に正しい生き方はないと思うようになり、地球外宇宙の生命のいとなみをまったく否定するまでになった。

この麻痺状態の中で、アーリマン的な勢力が力を発揮するようになった。ルツィフェルは太陽の力によって、アーリマンよりも抑えられているが、アーリマンはまさに科学的な人間に危険な感情を呼び起こしている。すなわち、概念は感覚印象だけと結びつくべきである、と思わされている。だからその人たちは、人智学を理解することができない。霊的な認識の成果を前にして、それを概念によって理解しようとしても、概念体験がアーリマン的感覚によって麻痺させられているので、その概念では霊的なものが把握できない。その結果、その人たちは恐怖心を抱き、霊的直観の成果と向き合わなければならないときには、盲目的な権威信仰にすがろうとする。

一九世紀後半の人の意識にとって、地球外宇宙は、ますます暗いものになっていく。人間が理念体験をふたたびもち、感覚世界に依存しないですむようになれば、地球外宇宙の明るさがふたたび人びとの眼に見えてくるであろう。そしてこのことこそが、ミカエルと出会うことなのである。

「感覚の光が思い出のように余韻を響かせるとき、魂は理念に充たされて、霊の光を体験する」——人間がこの言葉を感じとるようになれば、またふたたび感覚世界の中へ沈んでいっても、アーリマンが彼を害することはできないであろう。

（一九二五年三月八日）

自然から自然以下へ

一九世紀中葉に、哲学の時代が克服されて、自然科学の時代が始まった。そしてこの自然科学の時代が今日でも続いている一方で、時代はある種の哲学的な発想に戻っている。

こういう言い方は、認識の道についてはあてはまっても、生活の道についてはあてはまらない。自然観の中に機械的な思考が入り込んでいるとしても、現代人の表象生活は、まだ自然の中でいとなまれている。しかし意志の生活においては、技術活動の機械主義の中に生きており、すでにかなり以前から自然科学の時代に応じて、まったく新しい様相が現れてきている。

人間生活は、まず二つの側面から考察されなければならない。人間は地球の周辺から働きかけてくる宇宙の力と地球上で働く宇宙の力とを考察する能力を、前世からもち続けてきている。地球上で働く宇宙の力を感覚によって知覚し、地球の周辺から働きかけてくる宇宙の力を思考の働きで認識する能力をである。

人間は肉体によって知覚を生き、エーテル体によって思考を生きる。アストラル体と自我とは、魂の隠された領域の中で、例えば運命の中で働いている。われわれはその働きを、はじめは、複雑な運命関連の中にではなく、単純な基本的生活過程の中に見なければならない。

人体組織は地球の諸力と結びつき、その中にみずからを生かしている。その地球の力を通して直立して歩くことを学び、手足でバランスをとることを学ぶ。

そしてその地球の力は、宇宙から働きかけてくるものではなく、もっぱら地上的なものである。地上の現実の中で人間が体験するものは、どんなものも抽象ではない。とはいえ、現代人は、その体験が何に由来するのかを洞察しないで、現実についての抽象的な思考を重ねている。だから機械的な法則性を自然関連から抽象化したものだと思っている。けれどもそんなことはない。人間が魂の中で純機械的な法則を体験するときのすべては、立つこと、歩くことなど、地球との位置関係を内的に経験しているのである。

しかしそのかぎりでは、機械的な働きは純地上的なものである。色や音などの中に現れる自然の合法則的なものが、地上に宇宙から流れてきたものであるとはいえ、地上の領域においては機械的な働きが自然の合法則的なものにも適用される。そしてそれによって人間の体験も、地上の領域においては、機械的な働きに向き合わざるをえなくなっている。

今日の文化の中で用いられている技術の大半は、人生に深く関わっているが、その技術の大半は自然ではなく、自然よりももっと下層の自然以下に属している。それは自然からもっと下へ放下された世界なのである。

東洋人が霊の世界を探求するときは、単なる地上的な均衡状態から抜け出ようとする。そしてもっぱら宇宙的な均衡状態へ導く瞑想に没頭する。その場合、地球はもはや身体の位置関係にこだわろうとはしない。

人間が意識魂を発達させるためには、単なる地上的なものとの関係が必要だった。だから最近では行動においても、人びとはいたるところで経験の蓄積を求めている。しかし単なる地上的なものの中で生きようとする態度は、アーリマン的にならざるをえない。人間の本性がアーリマン的なものの影響を受けざるをえない。

そのような技術時代のこれまでの経過の中では、アーリマン的な文化に対して正しい関係を見出す道が閉ざされている。技術文化の中でアーリマンに支配されないためには、内的認識力を強めなければならない。自然以下とは何かを理解しなければならない。技術の中で自然以下に落ち込んだのなら、少なくともそれと同じ程度には超地上的な自然以上にまで昇ることができなければならない。時代は自然を超えた認識を求めている。自然以下にまで沈んでしまった危険な生活内容を、内的に引き受けることができなければならない。もちろん、以前の文化状態に回帰すべきだというのではなく、みずからと宇宙とに対して正しい関係にある新しい文化状況を生み出そうというのである。

時代の重要な霊的課題に応えようと思っている人びとは、現在ごくわずかである。電気が発見されたあと、電気は大自然の魂であるとさえ思われたが、電気は自然から自然以下へ導く力なのである。ただ人間がそれと一緒に降りていくことだけは許されない。

自然から独立した技術のまだなかった時代の人間は、自然の中に霊の働きを見ていた。自然から独立した技術は、科学的に把握された機械論的な物質の中に人びとを拘束した。人類のいとなみの根元に働きかけていた神的、霊的なものはすべて、そこには存在していない。アーリマンが、この領域を支配している。

しかし霊学は、アーリマンのまったく存在しない領域を提示することができる。アーリマンの働きのまったく及ばぬ霊性を認識することによってこそ、人間はこの世でアーリマンに向き合う力を獲得できるのである。

（一九二五年四月一二日）

訳者あとがき

「なぜクモがこんなにイヤなのでしょうか。」

「なぜならあなたの存在そのものがクモだからです。」


こんな会話をシュタイナーが弟子のひとりと交わしていた、と以前きいたことがある。随分以前のことだが、かなり強烈な印象となってあとに残った。私の中で悪のことが問題になってから、この会話は悪を語っている、と思うようになった。

「なぜ悪がこんなにイヤなのでしょうか。」

「なぜならあなたの存在そのものが悪だからです。」


本書は、現代という過酷な時代を生きるわれわれ一人ひとりが悪そのものであることを、さまざまな観点から論じているが、そうでなければならない理由も、はっきり語っている。しかしそうだからといって、善を否定して、悪を肯定せよ、と主張しているのではない。その反対である。

悪は、個人という生命体にとっても、社会という生命体にとっても、そこに秩序と調和が支配しているとき、その秩序と調和を否定し破壊する力もしくは衝動なのだ、という。もしも秩序と調和だけが支配していたら、存在が生命体として生きている限り、停滞し、自己満足に陥り、更なる進化を遂げることができない。生命存在にとって、停滞は腐敗に通じる。だからこそ、破壊する力もしくは衝動がなければならないのだが、シュタイナーは眼もくらむような宇宙的な展望の下に、この破壊する力もしくは衝動が両極的な在り方をしていると考え、その一方をルツィフェル的、もう一方をアーリマン的と呼んだ。ちょうど、シュタイナーが決定的な影響を受けたニーチェの場合のアポロン的とディオニュソス的のように、生命を衝き動かす力を、人間を超えた宇宙的な力として、神話的な言葉で表現したのである。

人間一人ひとりは、どんなときにも、どんなにひどい状況の中でも、決して孤立無援の状態で生きているのではない。外から見たら、孤独に無縁社会の中を生きているようであっても、内から見ると、宇宙に、シュタイナーの言う霊界に通じている。そしてそこでは、これまでの外的環境から影響してきた親兄弟、子ども、友人、教師、書物、伝統、言語、マスコミ、その他さまざまなものからの働きかけの結果があるだけでなく、死者をはじめとするさまざまな超感覚的存在たちの働きかけも、活発に行われて、その都度、われわれを善人にしたり、悪人にしたりしている。

シュタイナーはいろいろな機会に「自我」の在りようについて語った。自我とは、みずから行動する存在なのではなく、ひたすら、じっと見つめる存在なのだ、という。行動するのは、肉体、エーテル体、アストラル体であって、自我はそれらの体的、魂的な存在が何をやるにせよ、善いことをするにせよ、悪いことをするにせよ、ただじっと見つめる役に徹している、という。しかも仕方がないとか、こんな筈はないとかいう、いわば受け身の状態で見つめるのではなく、ひたすら能動的に、すべてを見通すような眼力で見つめる、それが自我の「霊的な」仕事なのだという。『自由の哲学』では、この自我の働きを「理念的直観」と呼んでいる。

自分が何ものなのかを見抜くこの能動的な力が、外からと内からのさまざまな影響の下で日常生活を送っているわれわれ一人ひとりの内部に存在している、というのがシュタイナーの「体、魂、霊」という人性三分説の立場なのだが、その結果、われわれ一人ひとりは、誰でも、たとえどんなに絶体絶命の境地にあっても、内的に自由でありうる、というのが、『自由の哲学』以来のシュタイナーの一貫した立場である。そしてこの自由だけが唯一、悪を善に変えようとする意志の存在する根拠なのである。

一方、「今日の人間は、自分の内部の諸理念が自分の魂の活動によって形成されるのだ、と思っている。知覚内容だけは、外から自分の方へ働きかけてくるが、諸理念は自分が形成したのだ、と考えている。」(V「ミカエルの秘儀——以前の道とミカエルの道」二五三頁)。だからそもそもアーリマン的なものやルツィフェル的なものが、つまり自分とは異質の存在が、外からにせよ、内からにせよ、自分に影響を及ぼすようなことはありえない。もしあったら、それは人間一人ひとりの内的自由、内的尊厳を否定することになる。そう考えている。

しかしそう考えてしまうと、どんな人の中にも、非人間的、もしくは超人間的なものが同居している、という事実が見えなくなり、本当に孤立無援になってしまう。冒頭のシュタイナーの弟子にとってはたまたまクモだったが、他の人の場合は、蛇かも知れないし、アーリマンかも知れない。われわれが一人ひとり、他と異なる個性であるのはもちろんだが、それだけでなく、どんな人も一人ひとり自分の内面を他の何ものか（複数）と共有して生きている。その何ものかが一人ひとりの意識の中でも、無意識の中でも、働きかけている。その働きかけは、無抵抗な状態の時ほど、不意に襲ってくる。だから時には受け容れるしかない。しかしそういう状態である時こそ、自我の出番であり、われわれが自分を変えるチャンスなのかも知れない。

本書『悪について』の中には、悪の性格づけがさまざまな形で出ているので、読者一人ひとり、違った悪についてのイメージを受けとると思う。訳者も何度か眼を通す度に、悪についての違ったイメージが出てきた。例えば「悪について」を最近読み返したとき、その後半になって、本来ならニーチェの『道徳の系譜』と『善悪の彼岸』にふれるべきところを、敢えてその代りに、若くして自殺した哲学者フィリップ・マインレンダーを紹介し、現在の日本の自殺者三万人の時代への鎮魂の言葉としても読める言葉でしめくくっているのが強く印象に残った。現在のような唯物主義の時代には悪の問題は、他殺だけでなく、それ以上に、自殺に関わる問題でもある点に気づかされた。

これからもその都度新しい気持ちで、本書を読んでいきたいと思っている。

なお今回のテキストは、完訳した部分と、悪について論じられている部分を抜き出して訳した部分とで、全体をまとめている。訳文については、ひたすら日本の読者にシュタイナーの思いが伝わるように努めた。『魂について』『死について』も同じである。

シュタイナーの最晩年のエッセー集「ミカエルの秘儀」は、一人ひとりの人間の内面が決して自分だけのものではないことを繰り返し論じている。凝縮した文体で読みにくいところもあると思うが、ミカエルまたはアーリマン、ルツィフェルという霊的存在たちにどう向き合うかを考える上で、非常に重要な内容であると思ったので、結論の部分にさせていただいた。

＊

なお本書は、シュタイナーの『魂について』、『死について』に続く三部作として編まれました。これまで以上に春秋社編集部の賀内麻由子さん、友人飯塚立人さんにお世話になりました。また、この三部作を可能にしていただいた春秋社の神田明社長並びに高梨公明編集長にもあらためて感謝申し上げます。

二〇一二年一月二五日

町田にて　髙橋　巖

出典

I　民主主義と悪
——Der Sturz der Geister der Finsternis（GA177）より　ドルナハ　一九一七年一〇月二八日

悪について
Das Böse im Lichte der Erkenntnis vom Geiste
——Geisteswissenschaft als Lebensgut（GA63）より　ベルリン　一九一四年一月一五日

II　破壊のかまど
——Anthroposophie als Kosmosophie（GA207）より　ドルナハ　一九二〇年九月二三日、二四日

悪の秘儀
——Geschichtliche Symptomatologie（GA185）より　ドルナハ　一九一八年一〇月二六日

ルツィフェルとアーリマン 1　　ミュンヘン　一九一三年八月二五日
——Die Geheimnisse der Schwelle（GA147）より

ルツィフェルとアーリマン 2　　雑誌『王国』三巻三号　一九一八年一〇月
Luziferisches und Ahrimanisches in ihrem Verhältnis zum Menschen
——"Das Reich", 3. Jg., Buch 3, Okt. 1918.
PHILOSOPHIE UND ANTHROPOSOPHIE
GESAMMELTE AUFSÄTZE 1904-1923（GA35）より

III

われわれの生きる悪の時代の霊的背景　　ドルナハ　一九一七年一〇月一日、六日、七日
——Die spirituellen Hintergründe der äußeren Welt（GA177）より〔九月二九日、三〇日は『平和のための霊性』（「自由と愛の人智学」3）に収録〕

IV

ミカエルと龍の戦い　　ドルナハ　一九一七年一〇月一四日、二〇日、二六日
——Der Sturz der Geister der Finsternis（GA177）より〔二一日は『平和のための霊性』に、二七日は『ゲーテ主義』（「自由と愛の人智学」1）に収録〕

V　ミカエルの秘儀　『人智学週報』一九二四年八月一七日～二五年四月一二日

――Erstveröffentlichung in der Wochenschrift "Was in der anthroposophischen Gesellschaft vorgeht". 1924–25

ANTHROPOSOPHISCHE LEITSÄTZE

DAS MICHAEL-MYSTERIUM（GA26）より〔一〇月二五日は『シュタイナーの言葉』（春秋社）に収録〕

著者・訳者紹介

ルドルフ・シュタイナー（Rudolf Steiner）
1861年、旧オーストリア帝国クラリィェベックに生まれる。1925年、スイス・ドルナッハにて死去。ウィーン工科大学にて熱力学・哲学を学ぶ。ベルリンで文芸関連の編集者や労働者学校の教師をつとめ、各地で講演活動を行う。1902年、神智学協会ドイツ支部書記長に就任。1913年、神智学協会を離れ人智学協会を設立。第1次世界大戦後の1919年、タバコ工場主エミール・モルトの依頼を受けて従業員のための学校をシュトゥットゥガルトに設立、最初の自由ヴァルドルフ学校となる。人智学にもとづいた新たな社会形成の必要を説き、その影響は、教育（自由ヴァルドルフ学校）、農業（バイオダイナミック農法）、銀行、医療、芸術等、広範囲に及ぶ。

訳者：高橋巖（たかはし・いわお）
東京に生まれる。1957年よりミュンヘンでドイツ・ロマン派美学を学び、その過程でシュタイナーの著書と出会う。1973年まで慶應義塾大学で教鞭をとり、70年代からシュタイナーとその思想である人智学の研究会や翻訳の活動に入る。1985年、日本人智学協会設立、現在に至る。訳書に『自由の哲学』『シュタイナーコレクション』全7巻（筑摩書房）、『シュタイナー　魂について』『シュタイナー　死について』『シュタイナー 宇宙的人間論』『シュタイナー ヨハネ福音書講義』（春秋社）。著書に『神秘学講義』『シュタイナー 生命の教育』（角川選書）『ディオニュソスの美学』（春秋社）など。

シュタイナー　悪について

2012年2月15日　第1刷発行
2024年3月10日　第3刷発行

著　者＝ルドルフ・シュタイナー
訳　者＝高橋　巖
発行者＝小林公二
発行所＝株式会社　春秋社
〒101－0021 東京都千代田区外神田2－18－6
電話　(03)3255－9611（営業）
(03)3255－9614（編集）
振替　00180－6－24861
https://www.shunjusha.co.jp/
印刷所＝株式会社　シナノ
製本所＝ナショナル製本協同組合
装　丁＝芦澤泰偉

ISBN978－4－393－32545－2 C0010　定価はカバーに表示してあります。

ルドルフ・シュタイナー著作選　高橋 巖［訳］

シュタイナーの言葉

かけがえのない今を生きるために……。自己に目覚めつつ、感受性を磨き、魂を鍛える方途。シュタイナーの統一的な全体像がよくわかる78の主題と変奏。編集＝飯塚立人　２７５０円

バガヴァッド・ギーターの眼に見えぬ基盤

人智学を生活の中に生かす道。今を生きる実感を求めて、古代の偉大な叡智に学ぶ。現代の「状況」を自由に生き、新しい価値観を共有することで、寄る辺なき時代を切り抜ける思想。　２９７０円

秘教講義 1

シュタイナー人智学、究極のテキスト。真の自己認識への道。「霊学自由大学第一学級のための秘教講義」全一九講。長らく非公開だった奥義書（一九二四年）の全面初公開。　５２８０円

秘教講義 2

現代人の霊性探究、内面への旅を鼓舞する希有の書。「霊学自由大学第一学級のための秘教再講義」全七講、プラハ・ベルン・ロンドン講義、クリスマス会議より三つの講演。　４９５０円

シュタイナーの瞑想法　秘教講義 3

初期秘教講義（一九〇三～〇九年）。個としての魂の力をいかに強め、現在・未来に備えうるか。〝私〟を更新し、日々生まれ変わって生きるための個人的な瞑想指導の実践と方法。　２６４０円

シュタイナーの瞑想・修行論　秘教講義 4

人智学の本質へ。『人間の自己認識へのひとつの道』（一九一二年）『オカルト上の進歩の意味』（一九一三年）『霊界の境域』（一九一三年）『人智学21年後の総括』（一九二四年）を収録。　５２８０円

▼価格は税込（10%）